全面深化改革解读书系

政府与市场

看得见的手与看不见的手

中共中央党校经济学教研部
徐平华◎著

新华出版社

图书在版编目（CIP）数据

政府与市场：看得见的手与看不见的手 / 徐平华著.
—北京：新华出版社，2014.10
ISBN 978-7-5166-1283-5
Ⅰ.①政…　Ⅱ.①徐…　Ⅲ.①行政干预—市场经济—研究—中国
Ⅳ.①F123.16
中国版本图书馆CIP数据核字（2014）第242209号

政府与市场：看得见的手和看不见的手
作　　者：徐平华

出 版 人：张百新　　丛书策划：黄春峰
责任编辑：赵怀志　张永杰　　责任校对：刘保利
责任印制：廖成华　　封面设计：任燕飞

出版发行：新华出版社
地　　址：北京石景山区京原路8号　　邮　　编：100040
网　　址：http：//www.xinhuapub.com　　http：//press.xinhuanet.com
经　　销：新华书店
购书热线：010-63077122　　中国新闻书店购书热线：010-63072012

照　　排：钟铉工作室
印　　刷：北京新魏印刷厂

成品尺寸：170mm × 240mm
印　　张：14.5　　字　　数：200千字
版　　次：2014年10月第一版　　印　　次：2014年11月第一次印刷

书　　号：ISBN 978-7-5166-1283-5
定　　价：28.00元

目　录

第一章　政府与市场关系概论

第一节　资源配置及其方式…………………………………………… 1

一、资源配置的内涵 ………………………………………… 1

二、资源配置的原则 ………………………………………… 2

三、资源配置的方式 ………………………………………… 4

第二节　市场在资源配置中的作用…………………………………… 5

一、市场的内涵 ……………………………………………… 5

二、市场体系 ………………………………………………… 6

三、市场机制 ………………………………………………… 8

四、市场的资源配置作用 …………………………………… 10

五、市场发挥作用的条件 …………………………………… 12

第三节　政府在资源配置中的作用…………………………………… 14

一、政府的内涵 ……………………………………………… 14

二、政府的特征 ……………………………………………… 15

三、政府的资源配置作用 …………………………………… 17

四、政府的资源配置手段 ……………………………………21
第四节　两种资源配置方式的作用边界……………………………23
一、政府失灵与市场的作用边界 ……………………………23
二、市场失灵与政府的作用边界 ……………………………26
第五节　政府与市场关系的理论演变……………………………32
一、马克思主义经典理论家关于政府
与市场关系的理论演变 ……………………………………32
二、西方经济学家关于政府与市场关系的理论演变 ………37

第二章　计划经济时期政府的计划管理及效果

第一节　计划经济体制的形成和“一五”计划………………………43
一、我国选择计划经济体制的原因 …………………………43
二、计划经济体制建立和市场机制衰微 ……………………46
三、社会主义公有制建立和个体私营经济衰微 ……………51
四、“一五”计划 ……………………………………………55
第二节　“大跃进”与严重经济困难………………………………59
一、“大跃进”运动 …………………………………………59
二、人民公社化运动 …………………………………………62
三、国民经济的严重困难及调整 ……………………………63
四、计划管理体制的调整 ……………………………………67
第三节　“文化大革命”与经济波动………………………………69
一、“文化大革命”对经济的冲击 …………………………69
二、“三线”建设 ……………………………………………72
三、“洋跃进”运动 …………………………………………75
四、计划管理体制的变化 ……………………………………77

第四节　计划经济体制的弊端……………………………………………79
一、计划配置资源的效率分析……………………………………79
二、计划经济体制的基本特征及弊端……………………………81

第三章　改革开放以来市场作用的发挥及成效

第一节　从“计划调节为主”到“有计划的商品经济”………… 85
一、对政府与市场关系认识的历史性转变……………………… 86
二、改革从农村率先突破…………………………………………… 87
三、国有企业改革的推开和多种所有制经济初步发展… 88
四、宏观经济体制改革的启动……………………………………… 91
五、对外开放政策的实施…………………………………………… 96
六、80年代的经济发展……………………………………………… 98
第二节　社会主义市场经济体制初步建立……………………… 101
一、社会主义市场经济体制目标的确立…………………………… 102
二、国有企业建立现代企业制度与非公有制经济的发展 103
三、市场体系的发育与对外开放的扩大…………………………… 106
四、宏观经济体制改革的深化……………………………………… 108
五、社会保障制度改革的推开……………………………………… 110
六、90年代的经济发展……………………………………………… 112
第三节　新世纪市场基础性作用进一步强化…………………… 115
一、加入WTO和融入全球市场 …………………………………… 115
二、国有资产管理体制改革和非公有制经济进一步发展 117
三、现代市场体系初步建立………………………………………… 120
四、宏观管理体制改革继续深化…………………………………… 122
五、覆盖城乡的社会保障体系基本建立…………………………… 124

六、新世纪的经济发展 …………………………………… 126
第四节　市场化改革与“中国经济奇迹” ………………… 129
一、改革开放以来的经济成就 ……………………………… 129
二、经济繁荣与市场化改革 ………………………………… 132

第四章　当前政府与市场的关系

第一节　政府与市场关系现状分析…………………………… 135
一、市场主体现状分析 ……………………………………… 135
二、市场体系现状分析 ……………………………………… 138
三、政府经济职能现状分析 ………………………………… 140
第二节　当前政府与市场关系的主要问题………………… 142
一、市场主体发育不完善 …………………………………… 142
二、市场体系不健全 ………………………………………… 145
三、对外开放面临新挑战 …………………………………… 148
四、政府经济职能转变滞后 ………………………………… 150
五、民生保障中政府缺位 …………………………………… 153
六、进一步调整政府与市场关系的重要性 ………………… 156

第五章　2014—2020年政府与市场关系调整的政策取向

第一节　政府与市场关系调整的指导方针和目标任务……… 157
一、2014—2020年政府和市场关系调整的指导方针 …… 157
二、2014—2020年政府和市场关系调整的目标任务 …… 159
第二节　进一步培育市场主体………………………………… 160

一、完善产权保护制度 …… 160
二、发展混合所有制经济 …… 162
三、推动国有企业完善现代企业制度 …… 164
四、支持非公有制经济健康发展 …… 166
第三节 健全现代市场体系 …… 169
一、建立公平开放透明的市场规则 …… 169
二、完善主要由市场决定价格的机制 …… 171
三、进一步发展商品市场 …… 172
四、完善金融市场体系 …… 174
五、发展和完善房地产市场 …… 177
六、健全劳动力和技术等要素市场 …… 179
第四节 促进国际国内市场深度融合 …… 181
一、放宽外商投资准入 …… 181
二、推进上海自由贸易试验区试点 …… 183
三、改革对外投资管理体制 …… 184
四、改革对外贸易管理体制 …… 187
五、加快国际自由贸易区建设 …… 188
六、扩大内陆沿边开放 …… 190
第五节 完善政府经济职能 …… 191
一、进一步简政放权 …… 192
二、完善宏观调控体系 …… 194
三、深化财税体制改革 …… 196
四、加强可持续发展职能 …… 198
五、加强公共管理职能 …… 200
第六节 强化政府促进公平职责 …… 201
一、大力发展教育事业 …… 202

二、实行积极的就业政策 …… 204
三、形成合理有序的收入分配格局 …… 206
四、建立更公平的社会保障制度 …… 208
五、发展医药卫生事业 …… 209

结束语 …… 213
参考文献 …… 215

第一章　政府与市场关系概论

在资源配置中如何处理好政府和市场的关系，一直是我国经济发展和经济体制改革的核心问题。政府和市场配置资源的特点不同，适用的领域也不同。分析政府和市场各自的特点，明确其在资源配置中的有效领域和范围，对于发挥它们各自的优势，实现全社会资源的优化配置，具有十分重要的意义。

第一节　资源配置及其方式

人类社会始终存在着一个基本矛盾，即资源的有限性与人类需要的无限性之间的矛盾，因此就需要通过合适的方式来配置资源，以使有限的资源最大程度地满足人们的各种需要。

一、资源配置的内涵

所谓资源配置是指稀缺的资源在各种不同用途上的分布和安排，以满足人们无限而多样化的需要。按照心理学家亚伯拉罕·马斯洛的解释，人的需要可以分成五个层次：一是生理的需要，也称生存的需要，如饮食、居住等，这是最低层次的需要。二是安全的需要。如免受伤害、免于疾病、免于失业等。三是情感的需要，如归属感的需要、爱的需要等。四是尊重的需要，如希望得到别人的尊重等。五是自我实现的需要，包括个人潜力的实现、对理想的追求等需要。一般说来，一个人在一定时期内对某一种产品的需要是有限的，但是原有的需要满足了，就会产生新的需要。因此，人们的需要或欲望实际上是无限的。

与此同时，用来满足人们需要的资源却是有限的。满足人们需要的物品大体分成两类：自由取用物品和经济物品。自由取用物品相对于人的需要来说，其数量在一定条件下是无限的，如空气等。而经济物品则数量有限，即具有稀缺性。所谓资源，指的就是具有效用同时又稀缺的经济物品，包括各种自然资源、消费品、生产资料、土地、资金、技术、管理、信息甚至时间等，只要它们能够满足人的需要，同时又数量有限，都属于资源的范畴。

由于人们的需要是无穷的，而用于满足人们需要的资源是稀缺的，因此，人们就有必要对资源作出合理的安排，以使有限的资源最大程度地满足人们的各种需要。这些安排包括在资源有限的条件下生产什么、生产多少、如何生产；生产出来的产品如何分配；在收入有限的条件下消费什么、消费多少、如何消费等。

二、资源配置的原则

资源配置越能够满足人的需要，其配置效率就越高。反之，其配置效率就越低。如果资源的配置最大程度地满足了人的需要，这时，资源配置就处于最优状态。评价资源配置是否处于最优状态，主要有两个标准：效率标准和公平标准。效率和公平是人们经济活动追求的目标，也是资源配置应遵循的基本原则。

一是效率原则。效率是指资源的有效配置。当资源配置达到了这样一种状态，即对资源配置状态的任何改变，都不可能在不使其他任何人福利减少、境况变坏的情况下，而使一个人的福利增加，境况变得更好，这时，资源配置就处于最优状态，达到最高效率。经济学上把资源配置的这种状态称为“帕累托最优”状态。实际上，帕累托最优的标准是以反证法的逻辑方式给出的，即如果要判断一种资源配置状态是否最优，可以设想把这种状态予以改变，然后把改变后的状态与原先的状态进行对比。如果改变后的状态比原先的状态要好，那么就说明原先的状态不是最优的。如果改变后状态不如原先的状态，就说明原先的状态优于其他状态。“帕累托最优”状态是资源配置的理想状态。在实际经济活动中，“帕累托最优”状态不可能完全实现。绝大多数经济活动通常是一部分人的福利水平的提高是以另一部分人的福利水平下降为代价实现的。在现实经济中，可以对受损失者进行补偿。如果受损失者得到补偿之后，受益者的境况仍然比过去好，那么，社会福利就是增加的。因此，只要资源配置的改变在总体上使受益者所得多于损失者所失，就可以看作是有效率的。

二是公平原则。评价资源配置状态的优劣，仅有效率标准是不够的。这是因为人人生而平等、每个人都拥有生存权和追求幸福的权利，是现代社会的一个普遍原则。而在“帕累托最优”状态下，也可能会出现极少数人拥有大多数资源，而绝大多数人只拥有较少资源的情况，这显然不符合平等原则。因此，评价资源配置的状况必须引入另一个标准，即公平标准。公平是指人们福利的均等化，尤其是收入分配的均等化。衡量收入分配的均等化程度的一个重要指标是基尼系数。基尼系数在0（绝对平等）到1（绝对不平等）之间变动，不会大于1，也不会小于0。国际上一般认为，基尼系数在0.2以下，表明收入分配趋于绝对平均，基尼系数在0.2—0.33之间为相对平均，基尼系数在0.3—0.4之间属于比较适度，0.4以上则被认为是收入分配趋于绝对不平等状态。

三是效率和公平兼顾原则。效率和公平是人们经济活动的两大准则。但是，这两者之间存在交替关系，即要使经济有效率，就必须使报酬有差别，使收入有差距，但这会影响到公平；而要使收入均等化，又会影响到效率。例如，过高的个人所得税可以缩小贫富差距，但也会使效率降低，因为它会促使人们少工作和多休闲，或少消费和多储蓄。过多的失业补助金和救济金可以改善低收入者的处境，促进社会平等，但也会妨碍效率，因为它会使失业者不急于寻找工作，使低收入者不急于提高效率和努力工作。因此，在实际资源配置中，社会不会遵循单一的效率原则或公平原则，而是效率与公平兼顾：或者效率优先兼顾公平，或者公平优先兼顾效率，或者两者并重。

三、资源配置的方式

资源配置的方式有多种。不同资源配置方式适用的范围不同，配置资源的效率也不同。在现代社会，资源配置方式有政府配置、市场配置、企业配置和社会习惯配置等。其中，政府与市场又是最主要的资源配置方式，它们都曾作为基本的资源配置方式被社会采用过。

以政府作为配置资源基本方式的典型代表是计划经济。在计划经济中，政府是资源配置的主体。在宏观经济领域，政府按照经济社会发展的需要，确定国民经济发展计划，通过计划体系层层下达指标，并用强制性的行政手段来确保指标的实现，进而实现政府既定的资源配置目标。在微观经济领域，政府决定企业生产什么、生产多少，如何生产，甚至决定人们吃什么、穿什么和吃穿多少等问题。

以市场作为配置资源基本方式的经济就是市场经济。在市场经济中，资源主要通过价格机制、供求机制和竞争机制实现配置，消费者、生产者和要素所有者拥有充分的自由选择权，自主决定生产什么、生产多少，如何生产等问题，他们从各自的经济利益出发，根据价格信号，分散地进行经济决策。对于绝大部分资源来说，市场机制在配置效率方面具有明显的优势，因此当今世界上几乎所有国家都选择市场作为资源配置的基本方式。不过，各国经济一般不是纯粹的市场经济，而是以市场调节为基础，同时发挥市场和政府作用的混合经济，但政府作用的大小在不同国家有所不同。

第二节　市场在资源配置中的作用

市场通过价格机制、供求机制和竞争机制来调节经济主体的行为，决定各种资源的配置，是当今世界各国普遍采用的主要资源配置方式，也是最有效的资源配置方式。

一、市场的内涵

市场的概念有广义和狭义之分。狭义的市场是指人们交换商品和劳务的场所，如粮食市场、股票市场等。广义的市场则是交易行为的总称，所有产权发生转移和交换的关系都可以成为市场。市场是社会分工和商品经济发展的必然产物，同时，市场在其发育和壮大过程中，也推动着社会分工和商品经济的进一步发展。市场由市场主体、市场客体、市场交易等基本要素构成。

市场主体是指在市场上从事交易活动的个人或组织，他们以买方或卖方的身份出现于市场中。这些个人和组织可以分为四种类型：企业、居民、事业单位和政府。在现代市场经济中，企业是最主要的市场主体，企业是商品和劳务的主要提供者，也是商品和劳务的主要购买者，市场上的交易行为绝大部分是由企业进行的。居民作为劳动力和资本等生产要素的提供者，以及商品和劳务的最终购买和消费者，也是重要的市场主体。事业单位如学校、文化和体育单位等，虽然不像企业那样以营利为目的，但也要向社会提供有偿服务，也要购买和消费商品和劳务，因而也是市场主体。政府在履行社会经济管理职能时，不仅要对经济运行进行宏观调控，承担社会公共事务，也是某些商品和劳务的直接购买者和消费者，因而也是重要的市场主体。

市场客体也称市场交易对象，是指交易活动的标的物即买卖的对象物。市场客体分为商品和劳务两类。前者是人们在交换中能够看得见、摸得着的有形的物质产品，如各种生产资料和生活资料。后者是以无形客体形式存在于市场上的交换物，如服务、知识、信息、专利和商誉等。物品或劳务要成为市场交换的客体，必须具有以下特性：首先，它必须具有使用价值或效用，能够满足人的某种需要。没有效用的物品或劳务不能用于交换。其次，它的数量是有限的，是稀缺的经济物品。数量无限的物品尽管具有效用也不能用于交换。

市场交易是指市场主体买卖商品和劳务的活动，它是连接市场主体和客体的中间环节。不同的市场主体通过市场交易完成对市场客体的交换，达到满足各自需要的目的。在市场交易中，实现交易的媒介是货币，实现交易的手段包括交易必需的各种物质条件，如交易场所、计量工具、交通工具以及仓库等。

二、市场体系

在现代市场经济中，市场对资源的配置是以市场体系的形式进行的。所谓市场体系是指包括各类市场在内的有机统一体，是相互影响、相互作用的各类市场的总和。在简单商品生产阶段，市场主要是商品市场。随着商品经济的不断发展，进入市场交换的生产要素越来越多，在商品市场中又派生出各种要素市场，并逐渐形成复杂的市场体系。市场体系的结构可以从不同的角度来划分。从市场交易对象来看，可分为消费品市场、服务市场和生产要素市场。消费品市场包括粮食市场、水果市场、服装市场等。服务市场包括旅游市场、娱乐市场、文化市场、教育市场等。生产要素市场包括金融市场、劳动力市场、技术市场、土地市场等。从市场交易时间看，可分为现货交易市场和期货交易市场。从市场空间看，可以分为地方市场、区域市场、全国市场和国际市场。从市场形态看，可以分为有形商品市场和无形商品市场。下面从交易对象角度来分析几种主要市场。

一是消费品市场。消费品市场是用于满足个人生活消费需要以及社会消费需要的消费品的交易市场，包括生活必需品市场、日用小商品市场、耐用消费品市场、奢侈品市场和艺术品市场等。消费品市场是社会再生产过程最终的市场实现过程，具有以下特点：它涉及千家万户和社会的所有成员，与人们的日常生活息息相关；交易批量小但交易次数频繁；由于社会需求的内容、形式和结构的多样性和多变性，消费品市场也呈现多样性和多变性。

二是生产资料市场。它是生产中所需要的生产工具和加工对象的交易市场，包括机械设备市场、原材料市场、化肥市场、农药市场、种子市场等。生产资料市场有以下特点：交易的商品主要是用于生产过程的初级产品和中间产品；交易者是单生产部门，交易数量大，交易方式多是大宗交易或订货交易，供销关系比较固定；生产资料需求属于派生性、引发性需求，其规模、种类和数量取决于社会对于消费品需求的状况。

三是劳动力市场。它是以劳动力或人力资源为交易对象的市场。我国劳动力市场有农民工市场、高校毕业生市场、经理人市场等。通过劳动力市场，可以实现劳动力资源的合理配置，并对劳动力质量进行客观评价，促使劳动者提高自身的业务技术素质。由于劳动力商品的特殊性，受法律、工会组织等因素的影响较大，劳动力市场的竞争性受到一定限制，如劳动价格即工资易涨不易跌，具有一定刚性；用人单位解雇劳动力受到越来越多的制约。

四是土地市场。它是以土地及其地上建筑物和其他附着物为交易对象的市场，也称地产市场。我国的土地市场主要是国有土地市场，而且交易的是国有土地使用权而非土地所有权，土地使用权也具有期限性。我国土地市场又分为土地一级市场和土地二级市场。土地一级市场是土地使用权出让市场，即政府部门将城镇国有土地或将农村集体土地征用或征收为国有土地后出让给使用者的市场。土地二级市场是指出让土地使用权的转让或再转让市场，其交易方式主要有转让、出租、抵押三种。

五是金融市场。它是进行资金融通和有价证券买卖的市场。按交易期限划分，通常把经营一年期以内货币融通业务的金融市场称为货币市场，如同业拆借市场、票据贴现市场、短期证券市场；把经营一年期以上中长期资金的借贷和证券业务的金融市场称为资本市场。在现实中，金融市场既可以有固定地点和相应的设施，也可以没有固定场所，由参加交易者利用电信等手段进行联系洽谈来完成交易。

六是技术市场。它是以技术商品为交易对象的市场。技术市场有以下特点：技术商品是知识商品，以图纸、数据、技术资料、工艺流程、操作技巧、配方等形式出现；由于技术存在于技术人员身体内，技术商品交易的往往只是部分权利；技术商品转让形式比较特殊，往往通过转让、咨询、交流、鉴定等形式，直到买方掌握了这项技术，交换过程才完成。

三、市场机制

市场机制是指市场配置资源的机制，包括供求机制、价格机制和竞争机制，三者相互交织在一起，自动地调节着资源的流向和流量，实现资源的合理配置。

供求机制是市场机制的基础，供求关系市场最基本的关系，是市场配置资源的起点和终点。作为市场机制核心的市场价格是由市场供给和需求决定的。当生产者提供某一商品时，生产的边际成本决定了该商品的供给价格。当消费者在购买某一商品时，该商品对消费者的边际效用决定了该商品的需求价格。不过，商品的实际市场价格不是由生产者或消费者单方面决定，即不是单方面取决于该商品的供给价格或需求价格，而是由供求双方共同决定，并随供求状况而波动。商品供过于求则价格下降，供不应求则价格上升，供求平衡则价格相对稳定而适中。

价格机制是市场机制的核心，是市场配置资源的主要杠杆。价格直接影响着生产者的和消费者的利益，生产者和消费者会根据价格的变动来决定商品的供给量和消费量，因此，由供求决定的价格反过来又调节供求，并使供给和需求趋向一致。当某种商品供不应求时，价格就会上升，从而引起该商品的需求量的减少和供给量的增加，使供求趋向平衡。当某种商品供过于求时，价格就会下降，从而引起该商品的需求量的增加和供给量的减少，也使供求趋向平衡。价格机制就像一只“看不见的手”，不断地调节供求，使偏离均衡点的供求重新达到均衡状态。

竞争机制是市场机制的重要组成部分，是价格机制和供求机制有效发挥作用的必要条件。生产者为了将自己的商品销售出去，获取利润或减少亏损，就会在价格、品种、质量、性能、服务和销售等方面展开竞争，如提高管理水平、采用更先进的生产工艺和科学技术、降低成本、改进服务，或降低商品的价格等，以确立自己在市场中的优势地位。消费者之间也会产生竞争。市场竞争提高了资源配置的效率。同时，市场竞争的优胜劣汰机制，还能使市场经济始终保持生机和活力。

在资源配置中，供求机制、价格机制、竞争机制三者相互联系、相互影响，共同发挥作用。市场对资源的配置主要是通过市场价格的变动来最终实现的，而价格变动是价格对供求变动的灵敏反应，是供求机制与竞争机制作用的结果。在三种机制的共同作用下，资源实现了优化配置。

四、市场的资源配置作用

市场具有提高资源配置效率、促进资源配置优化的功能和作用。具体功能和作用主要有以下几个方面：

首先，市场能够促进经济均衡。在充分竞争的市场中，当供求出现失衡时，可以通过价格上下波动来使供求趋向平衡。如果供给大于需求，价格就会下跌，从而引起供给减少和需求增加，使供给和需求实现平衡。如果需求大于供给，价格就会上涨，从而引起需求减少和供给增加，也使供给和需求实现平衡。当市场价格为均衡价格，供求处于均衡状态时，资源配置也就处于最优状态，这时对价格进行干预会降低资源的配置效率。干预价格的方式主要有两种：一是支持价格，也称保护价格，即政府为扶持某种商品生产而规定最低价，实行支持价格往往会导致商品过剩。二是限制价格，即政府对某种商品规定最高价，实行限制价格往往会导致商品短缺。对价格的人为干预，虽然可以实现政府的某些目标，但常常会因其带来资源配置效率下降而得不偿失。因此，对市场要常怀敬畏之心。

其次，市场能够促进经济结构调整和优化。市场具有调整商品供求结构的作用，当某种商品供不应求时，市场不但可以通过价格的上涨来使该商品的供求总量趋于平衡，还会刺激替代品的开发和生产，从而使商品供求结构趋于平衡。市场具有调整和优化企业结构的作用。市场竞争会使资源流向那些效率高的企业，从而效率高的企业会不断发展壮大；而那些效率低的企业终将破产、倒闭或被效率更高的企业兼并，结果是使企业的效率结构提高到一个新水平。市场会促进形成大中小企业合理配置的企业规模结构。市场还具有调整和优化产业结构的作用。在市场调节下，企业为了追求利润最大化，会不断将资源从供过于求、价格较低的产业转移到供不应求、价格较高的产业中，使产业结构趋于均衡化和合理化。同时，市场竞争会促使生产者不断生产新的产品，创造出新的需求，从而促进落后产业的淘汰和新兴产业的发展，推动产业结构不断升级。

第三，市场能够有效促进技术创新和进步。市场对技术进步的促进作用是通过市场竞争压力和技术的市场交易来实现的。市场竞争分为价格竞争和非价格竞争两种形式。在价格竞争条件下，企业为了降低价格以增强自身的竞争力，就必须降低成本。为此企业必须进行技术创新，采用新工艺、新技术、新设备，对现有技术设备进行更新改造，使生产成本达到最小。在非价格竞争下，企业必须通过技术和管理创新，来提高产品质量、增加花色品种或改善售后服务等途径，在竞争中获得优势。同时，技术市场对技术创新和进步也有极大地促进作用。技术市场不仅有利于技术发明和创新转化为现实生产力，而且技术市场的等价交换能够使技术发明者得到合理的发明报酬，从而刺激他们进行发明创造，为技术创新提供了源源不断的动力。各种技术创新要素的市场化也为组织技术创新提供了有利条件。技术市场还能通过市场需求信号为创新提供方向指引，使技术创新沿着正确的方向进行。

第四，市场能够有效促进经济增长。市场不仅能促进经济质的提升，也能促进经济总量的增长和社会财富的增加。市场能够自发地促进资本要素的积累，进而促进经济增长。市场主体的自利性是商品生产者自发地进行资本积累的内在动力，市场的竞争性迫使商品生产者增加资本积累以获取竞争优势，是商品生产者自发进行资本积累的外部压力。而资本市场又为加快资本积累创造了有利条件。市场还能够自发地促进劳动力素质的提高，进而促进经济增长。劳动力市场中的工资差别，会引导劳动者在不同地点、不同行业和不同岗位之间自由流动，促进人力资本充分和有效的利用；同时接受教育的程度不同而获得的收入不同，会促进人们增加教育投入，提高劳动力素质，从而促进经济增长。

五、市场发挥作用的条件

市场要发挥资源优化配置的作用，必须具备一定条件。这些条件越充分，市场配置资源的效率就越高；反之，市场配置资源的效率就越低，甚至无效率。市场发挥作用的条件主要有以下几方面：

第一，市场主体是追求自身利益最大化的理性经济人。市场主体通常指参与市场交易的个人和企业，也包括作为交易者出现于市场的政府机构和其他组织。所谓“经济人”是指市场主体具有自利性，当他在经济活动中面临不同选择机会时，总是倾向于选择能够给自己带来更大经济利益的那种机会，总是追求自身利益的最大化。具体地说，当市场主体作为生产者时，总是追求利润最大化；当市场主体作为消费者时，总是追求效用最大化。同时，经济人是理性的，即他懂得如何趋利避损，实现自身利益的最大化。在市场经济中，自利性是人们从事经济活动的根本动力，甚至人们的利他行为也是出于利己动机。例如商品生产者生产社会所需要的东西，并不是因为其对社会怀有仁慈之心，而只是因为唯有如此，生产的东西才卖得出去，才能获得利润。市场主体的经济人特性是市场机制有效运行的最重要条件。

因为只有在自身利益最大化的激励下，市场主体才会积极参与市场竞争，并对市场价格信号作出灵敏的反应，调整自己的生产或消费行为。如果市场主体不具有经济人特性，不追求利益最大化，市场机制将会失灵。虽然市场主体从事经济活动是为了增加自己的利益，但从社会角度来看，则会提高国民总福利水平。

第二，市场是自由竞争的市场。在一个有效的市场中，存在大量买者和卖者，他们之间自由、充分地竞争。由于市场上的买者和卖者数量很大，每个个别买者的商品需求量，相对于市场总需求量而言都是比较小的，任何个别买者都不具备买者垄断的力量，其需求量的增加或减少不能影响市场总需求；同样，每个个别卖者的商品供给量，相对于市场总供给量而言都是比较小的，任何个别卖者都不具备卖者垄断的力量，其供给量的增加或减少不能影响市场总供给。在这种情况下，没有一个买者和卖者能够控制价格，每个买者和卖者都是价格的接受者。自由竞争是市场有效率的一个重要条件。如果市场为一个或少数几个主体所垄断，则市场失灵。

第三，市场是统一开放的市场。一个有效的市场应当是统一的和开放的市场，生产要素可以自由流动，没有进入或退出的壁垒，没有地区和行业的限制。任何一种生产要素都可以自由地从一个企业转移到另一个企业，从一个行业转移到另一个行业，从一个地区转移到另一个地区，如劳动力可以在企业、行业和地区间自由流动、原材料的流动不受控制、资本可以自由流出和流入等。如果市场分割封闭，则其配置资源的效率就将丧失。

此外，有效的市场还应是诚信的市场、产权明晰的市场。如果失信行为盛行，社会诚信缺失，就会破坏市场正常秩序，导致市场失灵。如果产权不明晰，就会使市场主体的行为产生外部性，也会导致市场失灵。这些在后文中还将进一步论述。

第三节　政府在资源配置中的作用

政府作为一个具有权威性和强制性的公共权力机构，为了实现公共利益目标，往往会通过法律、行政和经济等手段调节资源配置。政府配置是资源配置的一种重要方式，在某些特殊时期甚至是资源配置的主要方式。

一、政府的内涵

政府有狭义和广义之分。狭义的政府是指一个国家的中央和地方的行政机关，如外国的内阁、总统、政务院等，我国的国务院、地方各级人民政府。《美国百科全书》对政府的定义是："政府一词适应管理团体和国家的机构及其活动。通常它指的是诸如英国或日本这些民族国家或其分支如省、市地方政府的组织机构及法定程序。就这一方面而言，政府对已经确认为某一民族国家中的成员的事务进行管理。由此可见，政府就是一个国家或社会的代理机构。"[①]在这一定义中，政府是处理国家事务、行使国家权力的机构。

我国宪法中规定的"人民政府"就是指狭义的政府，即各级行政机关。我国《宪法》规定："中华人民共和国国务院，即中央人民政府，是最高国家行政机关。地方各级人民政府是地方各级国家权力机关的执行机关，是地方各级国家行政机关。"我国地方各级人民代表大会和地方各级人民政府《组织法》规定："全国地方各级人民政府都是国务院领导下的国家行政机关，都服从国务院。"宪法和有关法律还明确规定了政府行政管理的范围是："依照法律规定的权限，

① 《中国大百科全书·政治学卷》，中国大百科全书出版社1992年版，第479页。

管理本行政区域内的经济、教育、科学、文化、卫生、体育事业、城市建设事业和财政、民政、公安、民族事务、司法行政、监察、计划生育等行政工作，发布决定和命令，任免、培训、考核和奖惩行政工作人员。”

从资源配置角度来看，政府通常是指广义的政府。广义的政府泛指一切国家政权机构，包括立法机构、司法机构、行政机构以及一切公共机构，如议会、内阁、总统、法院等。国际货币基金组织认为，政府一般是指由“公共当局及其通过政治程序设立的机构组成，并在它的疆域内或管辖地区实施强制的垄断权力”。[1]英国《大众百科全书》对政府的定义是：政府是“由政治单元在其管辖的范围内制定规则和进行资源分配的机构”，政府的功能包括立法、司法、行政管理。

二、政府的特征

政府作为公共权力机构，具有以下基本特征：

第一，公共性。政府因社会公共需要而存在。按照英国政治学家约翰·洛克的解释，人们享受着生命、自由和财产占有的“自然权利”，但是由于资源的稀缺性，人们在竞争稀缺性资源的过程中难免会发生冲突，于是人们建立起政府，并把部分个人权利转让给政府，通过政府和法律保护人们的基本权利，并对个人过度的自利行为加以约束，以保证社会有序运转。因此，政府是公共需要的产物，必须体现公共利益即社会公众的共同利益，这就是政府的公共性。在市场经济中，政府公共性的具体体现，就是在那些企业或个人无法办、无力办的领域，由政府发挥出作用。而企业或个人能够办到的事，政府就

① 国际货币基金组织：《政府财政统计手册》，中国金融出版社1988年版，第3页。

不去过多干预。

第二，合法性。政府作为公共权力机构，必须具有合法性，这是社会成员服从政府的基础。政府合法性体现在以下方面。一是立法机构制定的法律、法规是适当的，是社会成员共同意志的体现，来自社会成员的广泛认同。二是政府的行政权力是通过宪法和法律授予的，是完全合法的。三是政府依照法律和行政程序办事，政府行为遵循合法合理的程序，包括立法程序、执法程序、审判程序、审批程序、申述程序、处罚程序等，以保证政府行为的公开、公平和公正。

第三，强制性。政府的强制性是指政府具有高度强制服从的权威。政府所制定的规则适用于全社会的全体成员，具有强制力；同时政府依法行使公共权力也具有强制性，社会成员必须服从。政府的强制性主要源于以下因素。一是政府是公共权力机构，要维护大多数人的利益，往往会不得不损害少数人的利益，这就必然招致后者反对，因此强制必不可少。二是政府在维护公共利益和公共规则过程中，必须对违法违规行为采取强制手段进行惩戒。三是政府自身的存在必须有经济收入来支持。虽然政府取得收入的目的是为了履行公共职能，但是由于具体的纳税人与公共事务的受益人往往并不一致，无法靠个人的自觉缴款来筹措政府所需资金，必须运用政府的强制力来迫使其缴纳，因此政府获取财政收入具有强制性。

第四，非营利性。政府的非营利性是指政府作为公共权力机构，其目标是保护全体居民的共同利益，最大限度地满足公共需求，而不是以营利或与私营部门争利为目标。政府在履行公共部门职能和提供公共服务过程中，所发生的各种支出如公务人员薪酬、公共设施建设和维护费用等，都是通过税收等强制方式由社会成员承担的，因此政府通常应当采取无偿方式提供公共服务。有时政府也要对某些服务项目收取一定的费用。但是，这些行政性收费是以政府提供某些特定服务、而享受这类服务的只是少数人为前提的，其目的是为了平衡受益者和非受益者的负担，更加公平地分配公共资源，而不是以营利为目的。政府在制定收费标准时会考虑到收益者的承担能力，通常低于或等于成本。因此，即使是行政性收费也体现了政府的非营利性。

三、政府的资源配置作用

现代政府作为一个公共权力机构，除了要承担保卫国家安全、维护社会秩序的政治、社会等职能外，还要承担促进资源优化配置的经济职能。与市场侧重于提高资源配置效率的作用不同，政府在资源配置中的作用主要是维护市场秩序、弥补市场不足和促进社会公平，具体有以下几个方面：

第一，制定市场规则，维护市场秩序。市场规则是指为了保证市场交易顺利实现和市场的有序运行而制定的规范市场主体活动的各种规章制度，包括法律、法规、公约等，一般由政府制定。市场规则主要有三类。一是市场进出规则。它是市场主体和市场客体进入或退出市场的行为准则与规范。市场主体进出市场规则主要目的是：规范市场主体进入市场的资格，即市场主体从事生产经营活动必须具备合法身份；规范市场主体的性质，如有限责任公司、股份有限公司、合伙企业和个体企业等；规范市场主体退出市场的程序，如破产、歇业、兼并、收购等程序。市场客体进出市场规则主要包括：市场客体上市交易必须合法；商品的质量、计量及包装等必须符合有关规定等。二是市场竞争规则。它是为维护市场各主体之间公平竞争、依法确立的市场竞争行为准则与规范。市场竞争规则主要目的是：禁止不正当竞争行为，如假冒伪劣等欺骗性行为、侵犯商业秘密行为、强买强卖行为等；禁止限制竞争行为，如经营者滥用其市场优势地位妨碍公平竞争的行为等；禁止垄断行为，如经营者通过独占、兼并和独家交易等形式控制市场等。三是市场交易规则。它是各市场主体在市场上进行交易活动所必须遵守的行为准则与规范。市场交易规则的目的是：规范市场交易方式，使市场交易公开化、货币化和规则化；规范交易行为，保障自愿和公平交易；规范交易价格，对作价原则、作价方法、价格监督等作出相应规定。政府在制定市场规则的同时，也承担确保市场主体遵守市场规则、维护正常的市场秩序的职责。一是仲裁争端。各种市场主体在经济活动中难免发生各种纠纷，需要由政府依据市场规则，进行公正裁决。二是惩处违规行为。对于违背市场规则、扰乱市场秩序的行为，政府通过政权工具进行惩处。

第二，实行宏观调控，保证经济稳定发展。经济发展过程是繁荣与萧条不断循环往复、经济活动周期性波动的过程。当经济繁荣时，生产迅速增加，投资增加，信用扩张，价格水平上升，就业增加。当经济萧条时，生产减少，投资下降，信用紧缩，价格水平下跌，失业增加。经济波动增加了经济活动的不确定性，造成了资源浪费，阻碍了经济发展。为了实现经济的稳定运行，需要政府对经济进行宏观调控。政府宏观调控的目标主要是实现就业充分、物价稳定、经济增长和国际收支平衡。政府宏观调控措施主要是：对宏观经济进行经济预测和规划，明确经济发展方向；综合运用财政和货币政策，加强需求管理，保持总供给与总需求的平衡；运用产业政策，促进产业结构的合理化；运用收入分配政策，促进社会收入的均等化，进而扩大社会总需求；兴办公共事业，发挥其作为缓解周期波动、调节宏观经济流量的调节阀作用。

第三，提供公共产品和服务。公共产品（服务）是指满足社会成员集体公共需要的产品。如国防、社会治安、消防、城市公共基础设施、基础教育、公立医院、保障性住房等。政府作为公共部门，是公共产品和服务的主要提供者。政府提供公共产品主要有两种基本方式。一种方式是政府直接生产。这是一种最普通的公共产品供给方式。其中，全国性、跨地区、自然垄断程度很高、受益空间较大的公共产品通常由中央政府直接生产，如国防设施、国家图书馆、国家文献中心、社会福利、国家基础设施、重大基础科学研究和前沿科学技术研究、国家知识创新系统、大江大河的开发和利用、国土资源的保护和利用等。地方性公共产品如保健、医疗、警察、消防、城市设施、地区图书馆、博物馆、中小学教育、公路系统等则由地方政府直接生产。另一种方式是政府间接生产。即政府将市场机制引入公共管理，利用预算安排和政策安排形成经济刺激，引导私人企业参与公共产品的生产。政府间接生产的基本形式有如下几种：一是政府与企业签订生产合同。对于那些具有明显规模效益的准公共产品，如果收费不存在技术上的障碍，政府可以通过公开招标的形式，与合适的厂家签订合同。二是授予经营权。适合采取这种生产方式的公共产品，主要是那些利益外溢性显著的公共产品如自来水供应、电话、供电、广播电视、报纸杂志、书籍出版等。三是政府入股。主要是向私人企业提供资本和分散私人投资风险，又可分为政府控股、政府参股两种形式。四是经济资助。主要适用于那些难以盈利或盈利性不高的公共产品如教育、卫生服务等，或未来很长时间以后才能盈利、风险较大的公共产品如基础科学研究、宇航、生物工程、微电子技术等。政府经济资助的主要形式包括补贴、津贴、优惠、贷款、贴息贷款、减免税收等。

第四，进行收入再分配，实现社会公平正义。实现公平分配是资源配置的主要目标之一，也是市场经济发展的重要条件。如果社会分配不公，贫富差距悬殊，就会激化社会矛盾，破坏市场效率。为此，政府必须肩负起协调社会利益，兼顾效率与公平目标的责任，一方面，实行针对高收入者的税收政策，如按累进税率征收的个人所得税，针对财产转移征收的遗产税和赠与税，针对房屋、土地等不动产征收的财产税，针对某些高档商品和劳务消费征收的消费税等。另一方面，实行针对低收入者的社会福利政策，如增加教育投入，兴办公立学校、设立奖学金和大学生助学贷款、加强各种职业培训和成人教育等；建立多层次的社会保障体系，包括失业救济金制度、养老金制度、残疾人保险制度、未成年子女家庭补助制度、困难家庭补助制度、医疗保险和医疗援助制度、保障性住房制度等。政府通过这些再分配政策，促进社会成员共同富裕，实现社会公平正义。

第五，弥补市场缺陷。市场在资源配置中还存在一些缺陷，如垄断、外部性等，影响其配置资源的效率。对这些市场缺陷的规制是政府的重要职责。一是反垄断。垄断会使价格机制失去作用。政府反垄断的政策主要是反垄断法和政府管制。反垄断法是禁止某些控制市场行为的法规，主要目的是保护市场竞争活力和中小企业利益。西方很多国家都制定了反垄断法，以限制交易共谋、垄断、价格歧视、不正当竞争等行为。政府管制是政府出于保护消费者的考虑，对企业可能滥用垄断力量的行为进行管制。具体又分为经济性管制和社会性管制，前者涉及价格、生产、进入和退出条件等；后者旨在修正负的外部性、限制有损健康和安全的情况，如保护环境、劳工安全和消费者健康等。二是规制外部性。外部性是指市场主体的行为带来的损失或收益不由当事人承担或享有。这种情况会造成市场的无效率，需要政府进行规制，让外部效果由市场主体自行承受，使外部性内部化。具体措施有明确产权、征税和补贴、政府直接管制。明确财产权可以制止某些外部影响的发生。例如，某条河流的上游企业排污使下游用水者受到损害，如果给予用水者以使用一定质量水源的产权，则企业排污就必须争取用水者同意，给后者足够的补偿。这样，由排污产生的负外部性就转由企业负担。征税和补贴也可以促进外部性内部化。

对造成负外部性的企业进行征税，其数额等于该企业给其他社会成员造成的损失，从而使该企业的私人成本恰好等于社会成本。对造成正外部性的企业则进行补贴，使企业的私人利益与社会利益相等，以鼓励企业正外部性行为。政府直接管制就是对各种污染制造者与污染物制定可容忍的污染标准，直接降低污染率。三是规制失信行为。在信息不对称情况下，某些市场主体会出现失信行为，影响市场的正常运行，需要政府进行规制，包括建立信用法律法规体系，对失信行为进行监督和惩戒，形成良好的社会诚信环境。

四、政府的资源配置手段

政府对资源的配置是通过各种具体手段进行的。政府配置资源的手段大体可以分为以下几种类型：

第一，经济手段。经济手段是指政府通过经济杠杆对国民经济活动进行调节和控制，以实现政府公共目标的管理方法。它是政府调控经济最常用的手段。经济手段又分为很多种类，常见的有财税政策、货币政策、价格政策等。财税政策主要是政府根据经济发展的需要，运用各种财税工具调控经济的政策措施，通过财政支出增减、税收征免和税率高低，体现对不同产业和不同地区在政策上的鼓励或限制，从而调节其经济活动。货币政策是中央银行为实现宏观经济目标，运用各种工具如控制货币发行、开展公开市场业务、调整存款准备金率、调整再贴现率、选择性信用管制等，调节货币供应量，进而影响宏观经济的政策措施。经济手段的特点：一是间接性。经济手段不像行政手段那样对经济进行直接干预，而是利用经济杠杆作用对相关方面的经济利益进行调节，来实现对经济的间接调控。二是有限的强制性。政府利用财政、税收、金融等经济杠杆调整市场主体经济活动的损益空间，通过利益诱导来使市场主体的行为与政府经济目标相一致。但市场主体在决策上仍有很大的自主性。三是灵活性。经济手段的力度如财政支出的多少、税率的高低、再贴现率等都可以根据需要随时进行调整。

第二，法律手段。法律手段是政府依靠法律的强制力量来调节和规范经济活动，实现经济政策目标的手段。法律手段的特点：一是权威性。法律作为一种社会行为的最高规范，对全体公民具有普遍的约束力，比行政手段具有更高的权威性。二是强制性。法律手段是凭借国家政权力量强制实施，违者必究，比行政手段的强制性更严厉。三是规范性。法律是以明确的、不能产生任何歧义的语言严格规制人们的社会行为，是所有组织和个人行为的统一准则。四是严肃性。法律一经制定颁布，便具有相对稳定性和严肃性，不得因人而异、随时随意更改。法律手段是政府进行资源配置时运用其他方法的基础、前提和保障，为政府的经济行为提供基本的规范程序。

第三，行政手段。行政手段是政府依靠行政机构、按照行政方式来约束经济主体经济行为，使之符合政府宏观管理目标的手段。行政手段主要包括行政命令手段、行政引导手段、行政信息手段、行政咨询服务手段。行政手段的特点：一是权威性。行政手段以权威和服从为前提，行政命令接受率的高低很大程度上取决于政府权威的大小。二是强制性。行政机构强制要求人们服从自己的意志，在行政机构内部，上级发出的命令、指示、决定等，下级也必须坚决服从和执行。三是垂直性。行政指示和命令是按行政组织系统的层级纵向直线传达，强调上下级的垂直隶属关系，横向结构之间一般无约束力。四是具体性。某一行政命令或指示只在特定时间对特定对象起作用。五是无偿性。行政主体与行政对象之间的关系不是经济利益关系，而是一种无偿的行政统辖关系，两者之间不存在经济利益利害关系的纽带。行政手段可以保证整个政府行政管理系统及其管理活动，朝着一个共同的目标前进，有利于政府协调和控制关系国计民生的重大事业的发展。但是，行政手段与经济手段相比，手段过于单一，难以顾及不同地区、不同企业、不同消费者的特殊性，容易出现主观主义、瞎指挥和简单强迫命令等情况。与法律手段相比，则权威性不足，容易出现“上有政策，下有对策”等情况。

此外，还有思想教育手段，即政府通过宣传说服、精神鼓励、道德教育等方式，促使经济个体在决策时考虑其社会责任和社会公共利益，从而使经济个体的利益符合社会利益。

第四节　两种资源配置方式的作用边界

政府和市场作为两种资源配置方式，其特点各不相同，有效作用的范围也不同。科学确定政府与市场在资源配置中的作用边界，让政府与市场各司其职、各就各位，充分发挥它们各自的优势并扬长避短，是正确处理好政府与市场的关系、实现资源优化配置的关键。

一、政府失灵与市场的作用边界

就一般性资源而言，市场的配置效率明显高于政府。这是由两种资源配置方式的不同特点决定的。

第一，权力模式不同。政府配置资源的模式是一种集权模式。其典型代表就是计划经济体制，在这种体制中，资源配置权力高度集中于政府，政府决定社会生产什么、生产多少、如何生产、为谁生产，企业和个人必须服从政府的计划安排，没有决策自主权，其主动性、积极性和创造性被严重压抑。在政府完全掌控资源配置权力的情况下，要实现资源优化配置，就要求政府是一个全能政府，而这是不可能的。因此，集权模式配置资源的效率是比较低的。而市场配置资源的模式是一种分权模式。企业和个人拥有决策自主权，自由决定生产什么、生产多少、如何生产、为谁生产、如何消费等，其积极性、主动性、创造性彻底释放出来。他们根据价格信号以及自身的生产和消费条件，按照利益最大化原则作出最优选择，从而使资源处于合理的配置状态。

第二，调节手段不同。政府调节经济、配置资源的手段主要是法律手段、行政手段和经济手段。法律手段和行政手段具有强制性、一刀切的特点，无法顾及经济个体的差异，从而影响资源配置效率。即使是经济手段如税收、利率等虽然与法律手段和行政手段相比有较大的灵活性，但仍不能完全摆脱一刀切的局限。市场配置资源的手段主要是价格机制、供求机制和竞争机制。在市场机制调节下，市场主体可以根据自身情况和外部条件，自由作出最有利于自己的选择，不但实现个体资源的优化配置，社会整体资源配置也能取得较好的效果。

第三，信息水平不同。在政府配置资源时，信息来源于基层，而决策权则集中于政府特别是中央政府。由于经济生活中的生产者和消费者往往数以万计，每个生产者的生产条件都千差万别，每个消费者的消费需求也不一样。即使是同一个生产者或消费者，其在不同时间的生产或消费情况也不同。相关信息极其庞杂而多变，即使是一个由最有才干、最有经验的人组成的政府，要对经济信息全面准确把握也是不可能的。经济规模越大，经济联系就越复杂，政府掌握充分信息的难度也就越大。加之，基层传上来的种种信息都要经过层层筛选、过滤和整理，其层次和环节越多，信息失真的可能性就越大。因此，政府很难掌握充分信息来作出资源优化配置的正确决策。在市场配置资源时，信息传递具有直接性、及时性和准确性的特点。市场中的生产者和消费者虽然彼此不一定熟悉，但是他们的供求状况可以通过市场价格反映出来，价格信号能够为市场主体的经济行为提供准确的信息指引。同时，生产和消费当事人对自己的生产和消费状况也最清楚。因此他们有比较充分的信息作出相对合理的决策。

第四，决策效率不同。这主要是由政府和市场在决策方面存在以下两个差异。一是预算约束不同。在市场经济中，一个企业的支出要受其收入的制约，若其收不抵支，就要倒闭、破产。在此硬预算约束下，企业必须要精打细算、提高效率、降低成本。但对政府来说并不存在这个问题。政府是一个非经营性机构，其收入来源于税收，支出则用于公共开支等，其预算约束是软的。这样一来，政府也就缺乏提高效率、降低成本的动力。在政府活动中，同样的产出往往要用更多的资源；或者产出过多，供给超过实际需求，如政绩工程、形象工程、面子工程等。二是时滞不同。政府作出一项决策要比私人部门决策慢得多，存在认识时滞、决策时滞、执行与生效时滞。认识时滞是指从问题产生到被纳入政府考虑的这一段时间往往过长。如果是中央政府决策，则还要加上地方政府反映、报告问题的时间。决策时滞是指从政府认识到某一问题到政府最后得出解决方案的这一段时间往往过长，其中可能要经过反复的讨论、争论。执行与生效时滞是指从政府公布某项决策到付诸实施以致产生效果的时间往往也比较长。由于存在上述时滞，有时某一政策已经作出但尚未真正起作用，情况已发生了变化，政策已经失效。而私人部门的决策相对简单直接，时滞较短，效率较高。

第五，利益取向不同。政府调节活动存在双重利益取向。一方面，政府作为社会公共机构，其经济调节活动的目标是公共利益最大化。另一方面，政府经济职能是通过政府工作人员来履行的，而往往有其自身利益，且与公共利益并不总是一致。例如，有些政府工作人员总是希望不断扩大其所在机构的规模，提高其机构的级别；或制定更多的规章制度，扩大其自身的权势和影响。有些人则希望增加自己的薪俸和待遇，如更高级的公用轿车、更舒适的办公室、更多的出差旅游机会等。有些人为了维持个人利益，在决策中总是避开有风险的敏感问题，采取推托、敷衍的态度，以求明哲保身。当政府权力制约机制不健全时，有些政府工作人员甚至会出现腐败行为。这些都影响到公共目标的实现和政府效率。在市场调节下，市场机制和市场主体只有一个共同目标，即实现市场主体利益最大化，或者说，市场机制其实只是市场主体实现自身利益最大化的一种有效手段。因此市场的效率目标更容易实现。

政府与市场的上述区别表明，在以效率为目标的一般竞争性领域，政府的局限使它不能有效发挥资源优化配置的作用，即所谓政府失灵。在这些领域，要提高资源配置效率，实现发展生产力、推动经济增长的目标，就必须充分发挥市场配置资源的作用。一般说来，只要市场能够有效发挥作用的领域，政府就不应进行不当干预。

二、市场失灵与政府的作用边界

市场虽然是配置资源的最优手段，但是并不是所有的资源配置活动、所有的经济领域都可以纳入到市场机制的有效调节范围内。在资源配置的某些领域，市场机制并不能有效地发挥作用，这就是所谓市场失灵。在这些领域就需要政府发挥作用，以弥补市场的不足。市场失灵的领域如下：

第一，市场规则的制定和维护失灵。市场规则是为维持市场秩序而制定的规范市场主体活动的各种规章制度，是参与市场活动的各方必须共同遵守的行为准则。由于市场主体的经济人特性，总是追求自身利益最大化，市场规则不能由参与市场的当事人来制定，而应由公正的第三方来制定，才能保证规则的公平和公正。当市场主体在经济交往中出现矛盾和争端时，也不能由当事人仲裁，而应由第三方来进行公正裁决。行业协会虽然也可以制定某些市场规则，并对某些经济纠纷进行仲裁，但是，由于其权威性和强制力不够，无法在制定市场规则、维护市场秩序中起主导作用。政府作为公共权力机构，最适合充当公正的第三方，来制定市场规则，并对市场主体的争端进行裁决。当市场主体的经济行为违反市场规则时，政府可以通过政权工具进行相应惩处。因此，政府在制定市场规则、维护市场秩序中起着主导作用。当然，政府的作用主要是为市场经济的顺利运行创造必要的条件，而不是干涉企业和个人的经济活动，插手市场经济的运转。这就好像是足球比赛，政府就像比赛中的裁判，而企业和个人就像足球运动员。裁判员的职责不是去参加比赛，亲自去展示脚下功夫；也不是对运动员指手画脚，为他们出谋划策，而是不偏不倚地使运动员遵守比赛规则，保证比赛的顺利进行。

第二，垄断性失灵。市场高效率是以充分竞争为前提的，但是在市场经济中却往往出现垄断，影响资源配置效率。垄断是指一个或少数经济主体控制了市场的供求和价格，主要有以下类型。一是自然垄断。这是由规模经济造成的垄断。某些行业如邮电、通信、供电、铁路等，有着生产规模越大、平均成本越低的特点，决定了这些行业只有在一个企业生产的时候才是最有效率的，于是垄断就产生了。二是经济性垄断。这是市场主体利用自己的经济优势，通过联合组织或共谋等方式排斥市场竞争而形成的垄断，包括协议定价、串通投标、瓜分市场或顾客、定额分配生产量和销售量、联合抵制交易、实行价格歧视、掠夺性定价、签订搭售和附加不合理交易条款等。三是行政性垄断。这是依靠公共权力或通过专门的法律规定而形成的垄断。例如，政府对某些市场业务如电话服务、闭路电视、供电供水等实行市场进入许可管制，只允许一家或几家企业经营，从而形成垄断。垄断的存在严重降低了配置资源效率。垄断者通过限制产量、抬高价格来获得额外利润，不仅带来产出的减少，造成产品质量下降，垄断者也失去进行技术创新和提高管理水平的压力和动力。垄断还阻碍生产要素的充分流动，垄断价格扭曲资源配置信号。这些都会造成效率的损失。为保障市场竞争和活力，必须由政府对垄断行为进行规制。

第三，外部性失灵。外部性是指某个个体的经济活动或行为对社会其他成员造成影响而又不承担这些影响所带来的成本和收益。外部性分为两种：一是正外部性，即某个经济主体的活动使他人或社会受益，但是他自己却没有得到相应的补偿，如消费者在自己的住宅周围养花种树，净化环境，会使他的邻居收益，但是他的邻居并不会为此向他作出任何支付。果园主扩大果树种植面积会使养蜂者受益，养蜂者无须向果园主付费。在果树授粉期养蜂者同样使果园主受益，果园主也无须向养蜂者付费。二是负外部性，即某个经济主体的活动使他人或社会受损，但是他却没有为此承担相应的成本，如消费者在公众场合抽烟、扔垃圾则会影响他人健康，但他并不会因此向受害者支付任何形式的补偿费；化工、钢铁、炼油等厂家在生产过程中排放的废水、废气等污染物会给其他生产者与消费者造成损害，但是污染物的排放者却没有给受害者以应有的赔偿。外部性会降低资源配置的效率，因为某个经济主体进行决策的时候，只是将其实际承担的成本和得到的收益进行比较，而无须对外部成本进行赔偿，在这种情况下，经济主体实际承担的成本会小于其活动的总成本，因而会过量从事产生外部成本的活动，由其决定的产出规模会大于社会需要的最优规模；相反，在外部收益得不到补偿的情况下，经济主体会选择较少地从事该类活动，产出规模会小于社会需要的最优规模。可见，无论是正外部性还是负外部性，都会造成市场的无效率。要提高资源配置效率，就需要政府通过明确产权、征税和补贴、直接管制等措施来减弱或消除外部性，让外部效果由市场主体自行负担或承受，使外部性内部化。

第四，信息不对称失灵。虽然市场调节的信息水平较政府调节充分，但是也存在信息不对称问题。所谓信息不对称是指在市场交易中，交易双方掌握的信息状况是不对等的，一方掌握的信息比较充分，是信息优势方；另一方掌握的信息比较贫乏，是信息劣势方。信息不对称形成的原因是多方面的：一是人的认识能力有限。人们不可能知道在任何时候、任何地方发生的或即将发生的任何情况，尤其在社会分工越来越细的时代，每个人只是从事某一方面的工作，不可能成为“万事通”。二是掌握信息的成本太高。人们要把与自己经济活动有关的信息都掌握有时并非不可能，但与掌握这些信息后的收益相比，成本太高，不具有操作上的可行性。三是信息商品具有特殊性。信息商品与普通商品不同，无法事先了解其价值。人们之所以愿意掏钱买信息，是因为不知道，一旦知道，就不再愿意掏钱购买了。因此，信息出卖者不可能在购买者购买之前就使其充分了解所售信息。四是机会主义倾向。在信息不对称条件下，经济人特性就可能使市场主体出现机会主义倾向，拥有信息优势的人可能会利用自己的信息优势，或者隐藏“私人信息”，以求得自身利益最大化，从而损害他人利益，影响市场的有效运行。对于失信行为，信用中介机构虽然可以起一定的监督和约束作用，但是从根本上说，还必须依靠政府通过法律和行政手段进行监管和惩戒，才能从根本上防止失信行为，保证市场有效运行。

第五，公共产品失灵。公共产品是具有以下特性的产品或服务。一是非分割性，即公共产品通常是作为一个整体向社会提供的，它通常没有一定的计量单位，消费者消费公共产品一般不能自主选择消费的数量，通常是所有消费者都消费同样数量的公共产品。二是非竞争性，即任何人对公共产品的享用，并不妨碍其他人同时享用，不会因此而影响其他人享用该种产品的数量或质量。换言之，每新增一个消费者，公共产品的生产成本并不相应增加，其边际成本为零。以路灯为例，一个人享用已有的路灯提供的光亮并不妨碍其他人对该路灯的使用，而其他人的享用也不会减损这个人的享用。换言之，多一个人享用这些路灯不会增加使用成本。三是非排他性，即在一些人享用公共产品带来的利益时，无法排除其他人同时从此种产品中获得利益，或者说，对于公共产品的提供者来说，在技术上无法将拒绝付款者排除在此种产品的受益范围之外。以社会治安为例，无论个人是否为该物品的提供出资，他都将从中获益，因为要想把他从该产品的受益者中排除出去是不可能的。公共产品的这些特性使其很难由市场机制来提供。公共产品的非竞争性意味着多一个人消费该产品不会增加其边际成本，这样一来，公共产品的成本就难以量化，公共产品提供者就难以向个别消费者收取合理费用，公共产品也就无法按市场原则生产出来。公共产品的非排他性使公共产品的提供者无法排斥任何消费者的利益分享，消费者就不会自愿向公共产品提供者付费，出现所谓“搭便车”行为。面对搭便车行为，私人企业付出了成本却无法获得收益，或者收益远远小于其成本，它们就不会有动力提供这类公共产品。公共产品十分重要而私人又难以供给，因此，作为公共部门的政府必须承担起提供公共产品的责任。

第六，宏观性失灵。市场调节虽然会使社会总供给和总需求趋向均衡，但是实际上，宏观经济的完全均衡是偶然现象，而非均衡则是常态。当经济失衡十分严重时，会出现生产过剩、失业、通货膨胀和周期性经济萧条等问题，造成资源的巨大浪费。引起经济失衡的原因主要有：一是需求不足。随着人口增加，新发明出现，资本增长，生产量有长期增长的趋势，并要求有相应的消费能力。但是，由于储蓄过多、储藏增加，或者由于收入分配不公引起消费能力相对下降，从而使价格水平下降，储蓄无法转化为投资，最后导致经济萧条。特别是经济繁荣时，工资的增长落后于价格，更使消费能力相对下降，引起生产过剩和经济萧条。二是投资过度。投资的增加首先引起对投资品需求的增加以及投资品价格的上升，这样就刺激了用于生产投资品的投资，投资的增加带来了经济的繁荣。但是，在这一过程中，消费品的生产并没有得到同等程度的扩展，消费品的需求不能得到很好地满足，这种生产结构的失调最终会引起经济萧条而使经济发生波动。三是乘数——加速原理的作用。产出的快速增长刺激投资的更大增长，而大规模的投资反过来又刺激产出增长得更多。这个过程一直持续下去，直至潜在经济能力完全被利用殆尽。当产出达到饱和点之后，经济增长率便开始放慢。放慢的增长反过来又会减少投资和存货。这将使经济进入衰退直至到达谷底。然后经济过程又呈现相反的运作状态，重新回稳并兴起。在乘数与加速原理的共同作用下，经济形成了由繁荣到萧条，又由萧条到繁荣的周期性波动。此外，战争、革命、石油价格等也会引起经济波动。宏观经济的失衡和周期性波动是市场经济无法避免和有效解决的，必须依靠政府这只“看得见的手”来调控宏观经济，熨平经济周期。

第七，公平分配失灵。分配公平是资源配置的重要目标，但是市场无法实现这一目标。在市场机制中，人们收入分配的多少取决于两个因素：一是所拥有的生产要素的价格，它取决于该要素的稀缺程度和边际生产力。二是所拥有的生产要素的数量。换言之，在市场调节分配收入的条件下，人们的收入水平取决于他们对生产诸要素的占有状况。不同的要素所有者由于拥有要素的数量和质量不同，获得的收入也就不平等，占有资源禀赋多的人获得的收入较多，占有资源禀赋少的人获得的收入也较少。因此，完全靠市场机制调节收入分配，就会使社会收入差别扩大，甚至导致贫富两极分化。收入差距过大不仅有悖于资源配置的公平原则，也会破坏市场效率，影响经济发展和社会安定。但是，市场本身无法解决收入差距过大问题，必须由政府通过收入再分配政策来促进收入分配的均等化。

总之，政府和市场各有长短，各有其有效的作用领域，两者总体上是一种互补关系。在一般竞争性领域，市场配置资源的效率最高，应让市场在资源配置中起决定性作用，只要市场能够有效发挥作用的地方，政府一般都不应干涉。政府的作用主要是维护市场秩序、提供公共产品和服务、促进共同富裕、保障宏观经济稳定、弥补市场缺陷。应当让政府与市场在各自擅长的领域和范围，各司其职，相互补充，共同促进资源优化配置。

第五节　政府与市场关系的理论演变

对于政府与市场关系及政府和市场在资源配置中的作用，无论是马克思主义经典理论家还是西方经济学家，其认识都是随着实践的发展而不断完善和发展的。

一、马克思主义经典理论家关于政府与市场关系的理论演变

在马克思主义发展的不同历史时期，马克思主义经典理论家有关政府与市场关系的理论观点有较大的变化，大体经历了一个从理论到实践、又到理论的不断丰富和完善的过程。

1.马克思和恩格斯关于政府与市场关系的理论

19世纪中叶，马克思和恩格斯创立了科学社会主义理论，揭示了社会主义必然取代资本主义的人类社会发展一般规律，对于国际共产主义运动的发展起着重要的指导作用。但对如何进行社会主义建设的问题，尤其是在社会主义初级阶段如何进行经济建设的问题，马克思

和恩格斯受当时历史条件的限制，不可能进行详尽的预言。

马克思和恩格斯认为，在生产力高度发达的资本主义国家，由于私有制与社会化大生产的矛盾，无产阶级作为先进生产力的代表，必然起来在这些国家同时掀起革命，消灭私有制，建立社会主义制度，以适应高度发达的生产力进一步向前发展的要求。他们并且认为，“共产主义革命将不是仅仅一个国家的革命，而是将在一切文明国家里，至少在英国、美国、法国、德国同时发生的革命”[①]。马克思和恩格斯还对未来社会主义社会的政府与市场进行了设想，认为在社会占有生产资料基础上，将全面消除商品、货币和交换，取而代之的是政府全面的计划调节。“在一个集体的、以生产资料公有制为基础的社会，生产者不交换自己的产品；用在产品上的劳动，在这里也不表现为这些产品的价值”，[②]“社会的生产无政府状态就让位于按照社会总体和每个成员的需要对生产进行的社会的有计划的调节”。[③]马克思和恩格斯的这些设想是建立在生产力高度发达的基础上的，基本上没有考虑在生产力落后的国家如何进行社会主义建设的问题。而在现实中，社会主义革命都发生在生产力落后国家。1917年俄国十月社会主义革命取得胜利，建立起了第一个社会主义国家。二战后一批生产力落后的国家如东欧、中国等，也相继建立了社会主义制度。如何在生产力落后的国家进行社会主义建设，马克思和恩格斯并没有给出现成答案，需要后来的马克思主义经典作家在实践中总结出新的理论，来丰富和发展马克思主义，并指导社会主义建设实践。

2.列宁、斯大林和毛泽东关于政府与市场关系的理论

列宁在社会主义建设方面继承了马克思和恩格斯的产品经济和

---

①《马克思恩格斯全集》第19卷，第269页。

②《马克思恩格斯全集》第21卷，第10页。

③《马克思恩格斯选集》第3卷，第630页。

计划调节的设想，认为社会主义经济的本质属性不是商品经济，而是产品经济，他主张“要组织没有企业参加的大生产，首先就必须消灭社会经济的商品组织，代之以共产主义的组织，那时调节生产的就不像现在这样是市场，而是生产者自己，是工人社会本身”，[①]“把全部国家经济机构变成一整架大机器，变成一个使几万万人都遵照一个计划工作的经济机体”。[②]并认为“没有一个使千百万人在产品的生产和分配中严格遵守统一标准的有计划的国家组织，社会主义就无从设想”。[③]后来，由于十月革命后实行战时共产主义政策造成了巨大的经济困难，列宁的思想有所变化，提出了新经济政策，承认经济发展需要发挥市场机制的调节作用，“应当把商品交换提到首要地位，把它作为新经济政策的主要杠杆。”但他同时又强调“新经济政策并不是要改变政府统一的经济计划，而是改变实现这个计划的方法”。[④]

20世纪20年代后期，斯大林在推进工业化和农业集体化时，不再实行新经济政策，又开始排斥商品货币关系，并按照马克思和恩格斯的设想，建立起了高度集中的计划经济体制。斯大林也肯定了社会主义时期保持商品生产和发挥市场作用的必要性，认为“货币在我们这里还会长期存在，一直到共产主义的第一阶段即社会主义发展阶段完成的时候为止”。[⑤]但他同时强调，市场的作用也应当是有限的，只在解决两种公有制之间的关系，以及生活资料和农产品等方面发挥作用，其他领域仍需继续发挥政府的计划调节作用。

毛泽东也就我国社会主义时期是否还存在商品生产，是否需要

① 《列宁全集》第1卷，第225页。
② 《列宁全集》第17卷，第78页。
③ 《列宁全集》第3卷，第525—526页。
④ 《列宁全集》第46卷，第327页。
⑤ 《斯大林全集》第13卷，第303—304页。

发挥市场作用，以及如何发挥政府作用等问题进行了探索。毛泽东的经济理论基本上沿袭了斯大林的思想，仍然强调政府计划的主导地位，提出“为了建设一个强大的社会主义国家，必须有中央的强有力的统一领导，必须有全国的统一计划和统一纪律，破坏这种必要的统一，是不允许的”。①不过，毛泽东也曾在一定程度上肯定过价值规律在社会主义社会的作用，认为“这个法则是一个伟大的学校，只有利用它，才有可能教会我们几千万干部和几万万人民，才有可能建设我们的社会主义和共产主义。否则一切都不可能”。②“现在要利用商品生产、商品交换和价值法则，作为有用的工具，为社会主义服务。”③但“文革”时期，毛泽东又否定商品交换。1974年毛泽东在谈“无产阶级专政下继续革命理论”时，把商品交换和按劳分配看成是资本主义性质的东西，并在全国城乡进行批判。

3.邓小平关于政府与市场关系的理论

由于马克思恩格斯之后很长一个时期，经典作家们未能很好地解决在生产力落后的国家如何建设社会主义的问题，使社会主义建设事业乃至国际共产主义运动经历了不少挫折。党的十一届三中全会以后，邓小平从总结历史的经验和教训中，对社会主义本质和我国国情进行再认识，作出了我国现在处于并将长期处于社会主义初级阶段的科学判断。党的十三大召开前夕，邓小平在向外宾介绍时说：“我们党的十三大要阐述中国社会主义是处在一个什么阶段，就是处在初级阶段，是初级阶段的社会主义。社会主义本身是共产主义的初级阶段，而我们中国又处在社会主义的初级阶段，就是不发达的阶段。一

①《毛泽东文选》第7卷，人民出版社1999年版，第453页。

②转引自《红旗》杂志1978年第8期，第29页。

③《毛泽东文选》第5卷，人民出版社1991年版，第276页。

切都要从这个实际出发，根据这个实际来制订规划。”[1]我国处在社会主义初级阶段包含两层基本涵义：第一，我国社会已经是社会主义社会，必须坚持而不能离开社会主义。第二，我国的社会主义社会还处在初级阶段，并将长期处于这一阶段。与马恩的设想不同，我国进入社会主义的时候，生产力发展水平还远远落后于发达国家，这就决定了我国必须在社会主义条件下经历一个相当长的初级阶段，去实现工业化和经济的社会化、市场化、现代化。我国社会主义经济建设必须从这个实际出发，而不能超越这个阶段。社会主义初级阶段理论是对马克思主义的丰富和发展，是科学社会主义的重要创新。

同时，邓小平也开始对传统的计划经济体制进行反思，对计划与市场的关系提出了新的思想。早在1979年，邓小平就明确指出社会主义可以搞市场经济，认为："说市场经济只存在于资本主义社会，只有资本主义的市场经济，这肯定是不正确的。社会主义为什么不可以搞市场经济，这个不能说是资本主义。……市场经济不能说只是资本主义的。市场经济在封建社会时期就有了萌芽。社会主义也可以搞市场经济。”[2]1990年12月，邓小平与中央领导人谈话时明确指出："我们必须从理论上搞懂，资本主义与社会主义的区分不在于是计划还是市场这样的问题。社会主义也有市场经济，资本主义也有计划控制。……不要以为搞点市场经济就是资本主义道路，没有那么回事。计划和市场都得要。不搞市场，连世界上的信息都不知道，是自甘落后。”[3]1992年邓小平在视察南方的谈话中进一步指出："计划多一点还是市场多一点，不是社会主义与资本主义本质区别。计划经济不等于社会主义，资本主义也有计划；市场经济不等于资本主义，社会

① 《邓小平文选》第3卷，人民出版社1993年版，第252页。
② 《邓小平文选》第2卷，人民出版社1994年版，第236页。
③ 《邓小平文选》第3卷，人民出版社1993年版，第148页。

主义也有市场。计划与市场都是经济手段。”[1]邓小平关于计划与市场关系的思想和社会主义市场经济理论，从根本上解除了把社会主义与市场经济对立起来的思想束缚，对我国经济体制改革和社会主义经济建设产生了极大的推动作用，对于马克思主义理论的发展和国际共产主义事业作出了突出贡献。

二、西方经济学家关于政府与市场关系的理论演变

西方经济学界对于政府与市场的关系的认识也经历了一个反复过程，从最初的自由放任主义到后来的政府干预理论，再到今天的新自由主义，对政府和市场在资源配置中的作用及局限的认识一直在不断深化。

1.古典经济学关于政府与市场关系的理论

西方关于政府与市场关系的系统理论论述是从英国经济学家亚当·斯密开始的。1776年，亚当·斯密发表了《国民财富的性质和原因的研究》（简称《国富论》）一书，创立了古典经济学理论体系，提出了自由市场理论和政府不干预经济事务的政策主张。

亚当·斯密从人的自利性和天赋人权出发，提出应当让每个人以自己的方式自由地追求自身利益。然而，一个人人都追求自身利益的社会，是如何免于因离心力的作用而分崩离析？是什么东西调节每个人的私人行为并使之符合社会需要？对此，斯密的解释是：在自由市场经济中，市场价格机制就像一只“看不见的手”，自发调节具有自利性的人们之间及其与社会之间的利益冲突，从而使社会处于井然有序的状态。他认为，每个人“一般地，他确实不打算促进公共利益，也不知道自己会在多大程度上促进这种利益。……他所考虑的只

① 《邓小平文选》第3卷，人民出版社1993年版，第373页。

是自己的收益。但是，在这种场合，像在其他许多场合中一样，他受一只无形之手引导去促进一个并非本意要达到的目的。也并不因为事非出自本意，就对社会有害。他追求自己的利益，却往往使他能够比真心实意要促进时更有效地促进社会的利益”。他还说：“各个人都不断努力为他自己所能支配的资本找到最有利的用途。固然，他所考虑的不是社会的利益，而是他自身的利益，但他对自身利益的研究自然会或者毋宁说必然会引导他选定最有利于社会的用途。”[①]

那么，“看不见的手”是如何发挥作用的？斯密认为是由于市场竞争，在一个许多人的动机类似的社会环境中，正是自由竞争导致自利的个人由于自利而实现了公共利益。在重复的市场交易中，自由竞争会迫使经济当事人禁止采取那些缺乏远见的谋利行为或损人利己的行为。例如，如果企业主对其产品的索价太高，或支付给其雇员的工资太低，顾客会转向购买竞争对手的产品，工人也会离他而去。因此，企业主出于纯粹自利的考虑，会自愿按合理的价格出售产品，给工人以合理的工资。同样，市场主体内部的自由竞争会保证商品和劳务的价格保持尽可能的低廉，以造福于社会整体，同时又使各种资源在不同用途中的收益率趋于相等。这样，在“看不见的手”的指引下，人们从各自利益出发的行为，最终形成了社会所需要的物品、社会所希望的某种物品的数量以及人们为消费这些物品所愿意支付的价格。

对于政府的职能，斯密把它限定在“守夜人”的位置上。他认为，在自由市场经济中，政府只有三个应尽的义务：“第一，保护社会，使不受其他独立社会的侵犯。第二，尽可能保护社会上各个人，使不受社会上任何其他人的侵害或压迫，这就是说，要设立严正的司

①亚当·斯密：《国民财富的性质和原因的研究（下卷）》，商务印书馆1974年版，第27页。

法机关。第三，建设并维持某些公共事业及某些公共设施。”[1]即政府的职能是保障国家安全、维护社会秩序和提供公共产品，而不应深入经济生活内部直接干预。

继亚当·斯密之后，李嘉图、萨伊、约翰·穆勒等古典经济学家在政府与市场问题上基本上秉承了斯密的自由放任主义基本内核，如萨伊提出“供给能够自动创造出需求”的观点，把市场机制完美性提到“规律”的高度。而以马歇尔为代表的经济学家，包括瓦尔拉斯、杰文斯、庇古等，把古典经济学发展到了新古典经济理论阶段，并在19世纪末20世纪初占据西方经济学主导地位。古典经济学和新古典经济学尽管分析方法有很大不同，但是两者都主张经济自由放任，强调政府不干预经济。

2.凯恩斯主义关于政府与市场关系的理论

1929年爆发的经济大危机宣告了自由放任主义经济理论的破产。英国经济学家约翰·梅纳德·凯恩斯1936年出版《就业、利息和货币通论》（简称《通论》）一书，对传统的自由市场理论进行了全面批判，建立了一个以政府干预为中心的全新理论体系。

凯恩斯否定“供给能够创造需求”的“萨伊定律”，提出有效需求不足理论。他认为，国民经济的均衡即社会总供给与社会总需求的均衡有两种情况：一是国民收入全部转变为社会需求，从而在充分就业的高水平状态上实现均衡；二是国民收入发生了漏出，没有全部转变为社会需求，这样就只能在低于充分就业水平的状态下实现均衡。在市场经济中，充分就业的高水平的均衡只是一个特例，大量存在的是低于充分就业的均衡。造成这种状况的原因是市场经济长期存在着“有效需求不足”。换言之，在市场经济条件下出现严重生产

① 亚当·斯密：《国民财富的性质和原因的研究（下卷）》，商务印书馆1974年版，第252—253页。

过剩和大量失业就在于有效需求不足。而有效需求不足又是由于消费不足和投资不足，消费不足和投资不足的根源则是三个基本“心理规律”，即“消费倾向递减规律”“资本边际生产率递减规律”和“灵活偏好规律”。“消费倾向递减规律”的作用使得消费的增长滞后于收入的增长，引起消费需求不足；“灵活偏好规律”及“资本边际生产率递减规律”的作用导致投资需求的不足。

凯恩斯认为，市场在宏观经济均衡方面失灵，单靠市场经济的自发调节不能消除有效需求不足，必须依靠政府力量对经济进行干预来扩大需求，以弥补私人有效需求的不足，进而使总需求与总供给在充分就业的水平上实现均衡。政府干预经济的政策主张包括：一是扩张性财政政策。主要是减税和增加政府财政支出，如增加政府购买、扩大公共事业投资等。二是扩张性货币政策。当经济出现衰退时，中央银行通过调整贴现率、调整法定准备金率和公开市场业务等政策来降低利息率和增加货币供应量，以刺激消费需求和投资需求，扩大社会总需求。在政策选择上，凯恩斯认为主要依靠财政政策，货币政策要与财政政策相配合。

凯恩斯的《通论》略去微观经济活动，直接分析宏观经济中存在的市场失灵问题，使人们看到了政府在解决宏观经济问题方面的重要作用，并为政府解决市场宏观性失灵提出了一套行之有效的办法，对西方经济学界产生了巨大影响。其后，许多经济学家对凯恩斯的经济理论进行解释、补充和发展。20世纪50年代之后，凯恩斯主义的继承者形成了两个学派，即以英国剑桥大学的罗宾逊为代表的新剑桥学派和以美国的萨缪尔森等人为代表的新古典综合派。两个派别在主张政府干预方面是一致的，只是在政府的具体经济职能上观点有所不同。80年代后期又兴起了新凯恩斯主义，在坚持政府干预市场必要性的同时，更加重视政府干预政策的有效性。

3.新自由主义关于政府与市场关系的理论

20世纪70年代以后，西方经济陷入严重的“滞胀”危机，政府干预经济的负面效应凸现出来。凯恩斯主义关于政府干预经济的理论失灵，新自由主义经济思潮随之兴起和发展。新自由主义经济学流派很多，如货币主义学派、理性预期学派、供给学派、弗莱堡学派、伦敦学派、公共选择学派等。这些学派的共同点是倡导自由市场，反对凯恩斯主义的政府干预经济理论。但是各学派的理论体系和政策主张有很大不同，大体可分为以下三类。

一是市场最优论。多数新自由主义学派都认为，市场虽然存在一些缺陷，但它仍然是配置资源的最优方式，在资源配置中应充分发挥市场的作用，严格限定政府的作用范围。这些学派的理论侧重点和政策主张各有不同。以美国经济学家弗里德曼为代表的货币主义学派认为，市场经济有其内在的稳定性，政府干预只会加剧经济的不稳定性，政府的作用应当是为市场经济的正常运行创造一个良好的环境。在经济政策上，弗里德曼强调货币作用的重要性，主张采用控制货币数量的办法来消除通货膨胀。以美国经济学家拉弗为代表的供给学派反对凯恩斯主义过分强调需求，认为经济衰退的原因是供给不足，政府应该采取措施增加供给，具体措施包括降低个人所得税和企业税、实行相对紧缩的货币政策、缩减政府开支、削减福利开支等。德国弗莱堡学派提出自由竞争与国家干预有机结合的“社会市场经济”理论，主张充分发挥市场机制的作用，政府的职能主要是反垄断、维持市场秩序、实现公平分配和发展社会性事业。

二是市场完美论。以英国经济学家哈耶克为代表的伦敦学派提出极端自由主义经济理论。哈耶克认为，市场经济是完美的，私人自由企业经济是最合理的，失业和通货膨胀并不是自由市场经济所致，而是政府干预的结果。他反对任何形式的政府干预，甚至认为“混合经济”和福利政策都是不必要的。他还提出废除国家货币制度，取消政府发行货币的垄断权，用私营银行发行竞争性货币代替国家货币。

三是政府失灵论。凯恩斯主义强调市场失灵，以美国经济学家布坎南为代表的公共选择学派则强调政府失灵。公共选择学派认为，政治领袖和政府官员像普通人一样具有自利性，他们常常会不顾公共利益去追求私利。从政府行为的成本看，由于政府官员没有利润概念，没有私人企业的硬预算约束，政府行为往往不计成本，其为社会的服务费用超出社会本应支付的限度。从政府行为的效果看，由于政府官员往往追求个人威信和政绩，政府部门具有提供过剩公共服务的倾向，从而造成资源的浪费。因此，政府干预经济的结果会使资源配置效率低于市场机制下的效率。不过，对于公共产品和服务，因其非竞争性和非排他性的属性，市场和私人无法生产，比较适宜由政府供给。

总的来看，当今中外理论界在关于政府与市场的关系问题上，尽管具体的理论和政策不尽相同，但是对于市场是配置资源的最有效率的形式，对于市场决定资源配置是市场经济的一般规律，却有着普遍的共识。推动这一共识形成的动力来自实践。我国从最初否定市场到今天提出“使市场在资源配置中起决定性作用”，正是60多年的社会主义经济建设实践不断推动的结果。

第二章　计划经济时期政府的计划管理及效果

从新中国成立到1978年，我国在资源配置上采用的是权力高度集中于政府的计划经济体制。在这种体制下，政府对国民经济实行全面计划管理，市场机制的作用基本被废止。计划经济体制虽然有时能够“集中力量办大事”，但是更多的是带来宏观经济大起大落和微观经济缺乏活力，资源配置效率总体低下。

第一节　计划经济体制的形成和“一五”计划

1949年新中国成立后，我国建立起以单一公有制为基础、以政府行政命令为主要配置资源手段的计划经济体制，并在“一五”计划中进行了第一次大规模实践。

一、我国选择计划经济体制的原因

新中国成立后之所以选择计划经济体制，既有主观因素，也有客观因素。

首先是对我国社会主义初级阶段的经济发展规律认识不足。马克思和恩格斯揭示了社会主义必然代替资本主义的人类社会发展规律，并且设想社会主义的一个基本特征是实现有组织有计划的发展。但是，马恩所说的社会主义是建立在资本主义生产力高度发达基础上的。而新中国建设社会主义的条件是：人口多、底子薄；刚刚脱胎于半殖民地半封建社会，并未经历过真正的资本主义发展阶段；生产力水平十分低下，农业和手工业占很大比重，现代工业和服务业不发达；自然经济半自然经济占很大比重，市场经济不发达。对于在这样一个经济发展水平十分落后的国家如何建设社会主义，马克思和恩格斯都没有作具体论述，中国共产党不可能从书本上找到答案。而新中国成立初期，我国社会主义经济建设才刚刚展开，中国共产党也很难认识到我国社会主义建设必须经历一个独特的初级阶段，更难认清社会主义初级阶段的经济发展规律，因此，很自然地把马恩设想的成熟社会主义时期的经济特征和经济规律作为我国社会主义初级阶段的经济特征和经济规律，并应用到实际经济工作中。

其次是苏联模式的影响。苏联建立世界上第一个社会主义政权以后，实行以单一公有制为基础的高度集中的计划经济体制，即所谓“苏联模式”，并在经济建设上取得了辉煌的成就。在新中国成立之时，苏联模式的弊端尚未充分显现。因此，中国共产党取得政权后，便以苏联为榜样，按照苏联模式在我国建设社会主义。毛泽东说，苏联共产党“在列宁和斯大林的领导之下，他们不但会革命，也会建设。他们已经建立起来了一个伟大的光辉灿烂的社会主义国家。苏联共产党就是我们的最好的先生，我们必须向他们学习”[①]“我们要进

①《毛泽东选集》第4卷，人民出版社1991年版，第1481页。

行伟大的国家建设，我们面前的工作是艰苦的，我们的经验是不够的，因此，要认真学习苏联的先进经验”。[①]新中国成立后，以苏联为首的东欧社会主义国家对我国经济建设给予大量援助，不仅向我国输出设备、技术和管理，还派大批专家来我国进行实际指导和帮助，在企业进行设计和生产，在高校进行理论教学，在经济管理部门帮助工作。同时，我国也派出成千上万的技术专家和留学生到苏联学习。这些都为我国学习苏联模式创造了有利条件。于是，我国从所有制结构到工业化战略都直接仿效苏联的做法，我国的计划编制与管理、基本建设、物资流通、工业企业管理等机构和制度等都是直接仿照苏联模式而建立起来的。另外，新中国成立后，苏联和东欧社会主义国家迅速承认新中国并建立外交关系，我国与这些国家尤其是与苏联的关系快速发展，在国际政治、经贸、科技、文化领域互相支援。而以美国为首的西方国家则对我国采取敌视政策，进行军事包围、外交孤立和经济封锁。在这种情况下，我国只有向苏联一边倒。“我们在国际上属于以苏联为首的反帝国主义战线一方面的，真正的友谊的援助只能向这一方面去找，而不能向帝国主义战线一方面去找。”[②]这也使我国在经济发展模式上只能选择苏联的计划经济模式，而不可能选择西方国家流行的市场经济模式。

再次是革命根据地模式和建国初期形势的影响。中国共产党在长期的革命战争中，形成了高度集中的战时命令体制，其中比较有代表性的是1940年之后陕甘宁边区抗日根据地体制。这种高度集中、统收统支的“延安模式”曾经有效地保障了战时供给，保证了中国共产党最终顺利地夺取政权。新中国成立之后，由于战火犹未平息，政权尚未稳定，经济百废待兴，这种高度集中的体制仍有用武之地。特别

① 《新华月报》，1955年第3期。

② 《毛泽东选集》第4卷，人民出版社1991年版，第1475页。

是1950年朝鲜战争爆发后，集中人力、物力、财力保证战争需要成为优先考虑，“战争第一”，“一切服从战争、一切为了战争”。[①]因此，中国共产党选择了通过行政计划手段集中动员和配置资源的制度安排。

二、计划经济体制建立和市场机制衰微

从新中国成立到1952年，是我国国民经济恢复时期。党和政府在努力恢复经济的过程中，也为建立计划经济体制打下基础。1953年全面社会主义建设开始后，计划体制的建立步子大大加快，到“一五”末期基本确立起来。计划经济体制建立的具体过程如下：

首先，建立国民经济计划管理体系。1949年9月，政务院成立财政经济委员会，负责指导财经各部门，内设财经计划局。1950年3月实行全国财经工作统一领导以后，中央财经各部也成立了负责计划工作的司、局、处。1952年11月为了加强即将到来的“一五”时期有计划、大规模经济建设的需要，成立国家计划委员会，主要任务是编制长期的和年度的国民经济发展计划，并对各部委及地方的国民经济计划执行情况进行审查和检查。地方政府也陆续建立了计划管理机构，到1957年，28个省、市、自治区都成立了计划委员会，绝大部分地、市、县也成立了计委。从中央到地方的计划管理组织体系就这样建立起来了。计划管理部门实施计划管理的手段有指令性计划和指导性计划两种，以指令性计划为主。“一五”计划时期，国家对企业下达的指令性生产指标有12项：总产值、主要产品产量、新种类产品试制、重要的技术经济定额、成本降低率、成本降低额、职工总数、年底工人到达数、工资总额、平均工资、劳动

① 《陈云文选》第2卷，人民出版社1995年版，第112页。

生产率和利润。1956年，国家计委统一管理、直接下达计划指标的产品有380种，涵盖了工业生产的主要产品，其产值占到工业总产值的80%左右。

其次，建立金融集中管理体制。1948年12月1日，中国人民银行在解放区华北银行、北海银行、西北农民银行的基础上成立，并开始发行人民币。1949年3月中国人民银行总行迁入北京，正式确立了以中国人民银行为中心的金融体系。原根据地和解放区的大行政区的银行成为人民银行的区行，省（市）银行成为人民银行的分行。专署设中心支行，县设分行，形成总、区、分、支四级管理体制。1951年以后，中国人民银行控制全国存款总额的90%、贷款总额的97%。1952年5月，交通银行和保险公司划归财政部领导，中国银行成为人民银行总行的一个国外业务管理机构。同年底，政府对私营金融业实行了全行业社会主义改造，将全部公私合营银行和私营钱庄合并改造为一个实际由国家经营管理的公私合营银行。1956年，公私合营银行纳入中国人民银行体系。同时又将农村信用合作社置于当地人民银行的直接领导之下。至此，就形成了中国人民银行集中统一的管理体制。

第三，建立物资供应体制。1949年政务院财经委员会成立时，下设有物资供应处。1950年3月，政务院成立了全国仓库清理调配委员会，统一领导清仓和物资调配工作。不过，直到1952年，计划调拨的物资仅为55种。“一五”计划期间，政府建立起对生产资料计划分配、统一调拨的物资供应体制。根据生产资料的特点，政府将物资分为三大类进行管理。第一类是国家统一分配的物资，也称统配物资，这部分生产资料关系国计民生，由国家计委负责分配，生产企业和其他部门都无权支配。统配物资的品种逐年增加，1953年为112种，1956年为342种。主要包括：生铁、钢材、铜、铝、锌、煤炭、石油制品、电力、橡胶、轮胎、火碱、木材、水泥、汽车、机床等。第二类是国务院各部门统一分配的物资，也称部管物资，是较统配物资次要的、面向全国的生产资料，以及专业性较强的中间产品。部管物资1953年为115种，1956年增加到151种。第三类是地方管理的物资，是除了统配、部管物资和商业部门经营的一、二类商品以外的其他生产资料。政府对物资的分配主要有两种方式：政府直接分配和由国营商业部门通过市场间接分配。1954年主要物资由国家直接分配的范围还仅限于中央财经文教各部、各大行政区、省（区市）和重点省辖市所属企事业单位，到1955年以后，扩大到中央各部、地方专区和县所属企事业单位。至此，集中统一的物资供应体制最终建立起来。

第四，建立商业流通统制体制。1949年10月，在原中央商业处的基础上成立了中央人民政府贸易部，统一管理全国商业和对外贸易。从1950年起，政府开始对全国内外贸易进行集中统一管理，相继成立了17个专业公司，经营管理国内商业和对外贸易。1953年12月开始，政府在全国城乡实行粮食统购统销，对农村余粮户实行计划收购，对城市居民和农村缺粮户实行粮食计划供应。在统购统销政策下，粮食收购和供应的数量、标准、价格等由中央统一规定，对一般市民发放粮票，凭票供应。同时，食用油、棉制品也实行统购统销的办法。1956年10月，统购范围扩大到烤烟、黄麻、苎麻、大蒜、甘蔗、茶叶、家蚕茧、生猪、羊毛、牛皮、土糖、土纸、废铜、废铝、废锡、若干种药材、供应出口的水果和水产品。随着社会主义改造的完成，私人商业从商品流通领域被排挤出去，国营商业垄断了商业流通领域。与此同时，对外贸易实行统一管理、集中经营的政府统制模式。最初外贸是由中央人民政府贸易部负责管理，贸易部下设各种专业出口公司。1952年，中央人民政府设立对外贸易部，负责管理全国进出口业务，并对原有的外贸公司进行调整，设立15个进出口专业公司，全国进出口业务由各专业公司经营，其他单位不得经营。

第五，建立财政集中统一管理体制。新中国建立初期，就建立起高度集中、统一管理的财政体制，财政政策和财政制度的制定权力集中于中央。在收入方面，所有政府能集中的财力几乎都统一集中到中央财政部门，留给地方的是有限的地方税收。1951年为调动地方的积极性，对财政体制进行调整，实行“统一领导，分级负责”的体制，把全部税收和国营企业收入按中央财政收入、地方财政收入，以及中央和地方的比例解留收入作了划分，财政支出按照企业、事业和行政单位的隶属关系和业务范围，也划分为中央财政支出和地方财政支出。“一五”时期，财政体制基本上延续了这种体制。在建立集中统一的财政体制的同时，还建立起集中管理的基本建设投资体制。列入国家计划的基本建设投资、企业固定资产更新改造资金基本上由国家统一拨款。“一五”时期，基本建设项目绝大部分直属中央各工业部门管理，投资和建设任务由中央各工业部门直接安排。此外，政府还对国营企业推行经济核算制，实行统收统支。

第六，建立劳动工资计划管理体制。在经济恢复时期，政府就开始建立统一调配劳动力的制度。从1951年开始，禁止国营企事业单位自行招收在校学生，大中专毕业生由国家统一分配。1952年10月，规定公私工商企业雇用工人、职员，均由劳动行政部门所属的调配机关统一介绍，不得自由招工。新建扩建工矿企业需要增加劳动力，必须由调配机关按计划调配供应。1953年大规模经济建设开始后，大量农村劳动力自发涌入城市和工矿区，给城市和工矿区造成很大压力。1953年4月政务院发出通知，禁止农民随意流入城市寻找工作，城市公私企业非经政府有关部门批准，不得自行招雇农民工，城乡之间劳动力的自由流动从此被禁止。到1956年社会主义改造基本完成之后，自行就业和自谋职业基本上被政府统一安排、统一分配就业所取代。1953年开始对劳动工资实行计划管理，由政府控制企业的工资基金总额和工资等级标准。1956年开始进行全国统一的工资改革，实行工资等级制度，工业工人一般实行八级工资制，企业职员按职务分为13个工资等级，机关、事业单位按职务分为30个工资等级。

到"一五"末期，计划经济体制在我国基本建立起来，国民经济的运行主要依靠政府行政性计划调节，计划机制在资源配置中起着基础性作用。政府计划管理的范围十分广泛，涵盖工业、农业、商业、金融、交通运输、基本建设、劳动、物资供应、人民生活等，几乎囊括了国民经济的各个领域。

与此同时，市场机制在资源配置中的作用逐渐衰微。在经济恢复时期，由于私营经济和个体经济在国民经济中所占的比重还很大，对这部分经济成分不可能实行直接的计划管理，市场机制尚能发挥较大作用。"一五"时期，随着社会主义改造的完成和社会主义公有制占据绝对优势地位，市场机制失去了存在的基础。同时，政府将越来越多的资源纳入到计划管理之中，市场机制在资源配置中的作用越来越小，逐步从资源配置领域退了出来。市场机制的退出是沿着从生产要素市场到消费品市场的顺序退出的，首先退出的是资金市场，然后是生产资料市场和劳动力市场，最后是生活消费品市场。市场与计划的此消彼长带来双重后果。一方面，政府对经济的全面计划管理保证了"一五"计划时期优先发展重工业战略的实现，有力地推进了国家的工业化和经济高速增长。另一方面，市场机制的衰微降低了资源配置效率，导致经济发展发生大起大落，经济结构出现严重失衡，生产者和消费者的积极性和主动性受到严重束缚，给国民经济乃至人民群众生活都带来许多不利影响。

三、社会主义公有制建立和个体私营经济衰微

计划经济体制建立的基础是单一公有制。新中国建立前后，人民政府就开始没收官僚资本企业为国营企业。1952年底，中共中央提出了“一化三改”的过渡时期的总路线，并根据总路线的要求，于1953—1956年对农业、手工业和资本主义工商业进行社会主义改造，基本消灭了生产资料私有制，建立起社会主义公有制，从而为建立计划经济体制奠定了基础。

首先是没收官僚资本企业为国营企业。官僚资本企业主要是国民党中央政府、省政府、县市政府经营的企业，以及国民党大官僚所经营的企业，包括工厂、矿山、商店、银行、仓库、船舶、码头、铁路、邮政、电报、电灯、电话、自来水和农场、牧场等。随着解放战争的胜利推进和国民党的溃败，至1949年底，除台湾以外的所有的官僚资本企业，都由人民政府接管过来，成为新中国的国营企业。金融方面主要有：作为四大家族经济核心的中央银行、中国银行、交通银行、中国农民银行、中央信托局、邮政储金汇业局、合作金库和国民政府省市地方银行系统共2400多家银行，还有原国民政府官商合办的其他银行中的官股。工矿企业方面主要有：控制全国资源和重工业生产的国民政府资源委员会，垄断全国纺织工业的中国纺织建设公司，国民政府兵工系统和军事后勤系统所办的企业，国民政府交通部、粮食部和其他部门所办的企业，宋、孔家族和其他官僚商办企业，“CC系统”的“党营”企业，以及各省地方官僚资本系统的企业。合计共有工业企业2858个，职工129万人。交通运输方面主要有：国民政府交通部、招商局等所属全部交通运输企业，共计有铁路2万多公里，机车4000多台，客车约4000辆，货车约47000辆，铁路车辆和船舶修造工厂约30个，各种船舶约20多万吨和原中国、中央两航空公

司的12架飞机。商业方面主要有：复兴、富华、中国茶叶、中国石油、中国盐业、中国蚕丝、中国植物油、中国进出口、金山贸易、利泰、扬子建业、长江中美实业等十几家垄断性的贸易公司。官僚资本企业的接管和恢复生产，使国营企业直接掌握了全国一半以上的燃料、动力、工业原料和将近1/2的棉纱产量，控制了全部铁路和大部分现代交通运输事业，控制了绝大部分银行业务和国内外贸易。通过没收官僚资本企业，人民政府就掌握了国民经济的主要命脉。

其次，对资本主义工商业进行社会主义改造。新中国建立初期，私人资本主义工商业在全国占有举足轻重的地位。1949年，资本主义工业企业有12.3万户，职工数占全国职工总数的54.6%，生产总值占全部工业总产值的63.2%。1950年，资本主义商业企业有402万户，占全国商业总户数的98.4%，商品销售总额占全国商业批发总额的76.1%，商业零售总额的85%。1953年，政府开始通过扩展公私合营的办法改造资本主义工业，主要是对公私合营企业的财产进行了清产核算；公方派员进驻企业，同私方代表共同负责管理；企业生产经营管理按政府规定运作。到1954年末，约有1/4的私人工业企业转变为公私合营企业。1955年在农村社会主义合作化高潮的推动下，公私合营步伐加快。到年底，公私合营的工业企业达3193户，职工78.5万人，产值71.88亿元，占公私合营与私营工业合计总产值的49.7%。在改造资本主义工业的同时，政府还对资本主义商业进行社会主义改造。1953年下半年起，政府采取多种措施限制私营批发商的活动，并实行代替私营批发商的政策。先是恢复了私营批发商的营业税，接着加强了国家机关、企业、事业单位在上海、天津等大城市采购工作的统一管理，排挤了私商插手经营大宗交易。特别是1953年11月以后统购统销政策实行后，凡属统购统销的物资都由政府控制其批发环节，原先经营这些物资的私人大批发商就被国营商业或合作社商业所代替。对于私营零售商，政府通过经销、代销的方式进行全面改造。从1955年下半年起，工业企业公私合营方式已由个别企业公私合营发展到全行业公私合营，同时零售商业经过并点联营，也开始实行全行业公私合营的方式。到1956年底，已经实现公私合营的工业企业占原有私营工业企业户数和职工人数的99%，占生产总值的99.6%。在全部私营商业中，已纳入各种改造形式的户数、从业人员和资本额的比重分别达到82.2%、85.1%和93.1%。这样，对资本主义私有制的社会主义改造基本完成。

第三，对农业和手工业进行社会主义改造。随着国民经济的恢复和土地改革的基本完成，从1953年开始，党根据过渡时期总路线的精神，加紧了对农业的社会主义改造。当时农村中农业生产互助组织的主要形式是互助组，农业生产合作社为数不多。1953年12月，以初级农业生产合作社为中心的农业合作化运动迅速发展起来。在初级社中，土地、耕畜、大农具等生产资料仍为私人所有，但由合作社集中统一使用；劳动力由社里统一调配，统一组织；社员收入是以按劳分配为主。1953年末全国仅有初级农业生产合作社1.5万个，1955年底增加到190.5万个，农村基本上实现了初级形式的农业合作化。1956年，农业合作化运动开始转向高级社发展。高级社是土地、耕畜、主要农具归集体所有的完全社会主义性质的集体经济组织。到1956年底，参加农业生产合作社的农户发展到11783万户，入社农户占全国农户总数的比重达96.3%，其中加入高级社的农户占全国农户总数的87.8%。至此，我国对农业的社会主义改造基本完成。1953年，在过渡时期总路线的指引下，我国的手工业合作化运动进入了快速发展阶段。对手工业进行社会主义改造是由手工业生产合作小组、手工业供销合作社到手工业生产合作社逐步推进。手工业生产合作社是手工业合作化的高级形式，也是社会主义性质的手工业集体经济组织。在手工业生产合作社中，社员的主要生产工具、设备等生产资料全部折价归合作社集体所有；合作社实行统一经营、统一计算盈亏，社员直接参加集体生产劳动；收入分配以按劳分配为主。1955年底，全国手工业合作社发展到2.09万个，从业人员97.6万人，占全国手工业从业人员的11.9%；产值13.01亿元，占全国手工业总产值的12.9%。1956年，在农业合作化高潮的推动下，手工业合作化高潮迅速到来。到年底，全国手工业合作社组已达到10万多个，其中手工业生产合作社达到7.4万个。合作化手工业从业人员发展到603万多人，占全部手工业人员的91.7%，其中手工业生产合作社从业人员484万多人，占手工业从业人员的73.6%。合作化手工业产值108亿多元，占手工业总产值的92.9%，其中手工业生产合作社产值100多亿元，占手工业总产值的86.2%。这样，手工业社会主义改造基本完成。

随着社会主义改造的完成，社会主义公有制经济在国民经济中迅速上升并占据绝对优势地位，个体私营经济逐渐衰微。从国民收入看，1952—1956年，全民所有制经济的比重由19.1%上升到32.2%，集体所有制经济由1.5%上升到53.4%，公私合营经济由0.7%上升到7.3%，三者合计达93%。同期私营经济则由6.9%下降到0.1%以下，个体经济由71.8%下降到7.1%。从工业总产值看，1952—1956年全民所有制工业的比重由41.5%上升到54.5%，集体所有制工业的比重由3.2%上升到17.1%，公私合营工业比重由4%上升到27.2%；而私营工业比重则由30.7%下降到0.04%；个体手工业比重由20.6%下降到1.2%。从流通领域看，国营和合作社营商业和交通业也占绝对优势，商业只保留了极少数的个体商店，交通运输业中的私营经济到1956年就基本上不存在了。社会主义公有制绝对地位的确立，为当时建立计划经济体制创造了必要条件。生产资料的社会主义公有制的实现，消灭了人剥削人的制度，劳动人民成为社会和生产的主人，是我国生产关系的一大飞跃。但是，当时的公有制经济无论是全民所有制经济还是集体所有制经济，都存在一些问题，集中表现为产权结构过于单一，产权关系不明晰，“大锅饭”盛行，不讲求经济效益，干多干少一个样，干好干坏一个样，劳动者的积极性、主动性和创造性不能充分发挥出来。同时，在我国社会主义初级阶段，个体私营经济有其不可替代的作用，过多地消灭它们，给经济发展和人民生活等许多方面都带来许多不利影响。

四、“一五”计划

国民经济恢复工作顺利结束后，1953—1957年，我国实施了发展国民经济的第一个五年计划。这是我国计划经济体制第一次大规模实践。由于这时国民经济发展尚处于起步阶段，通过计划的强制力集中资源，建设社会主义物资技术基础，效果相对明显，但是计划体制的弊端也开始显露。

我国第一个五年计划是仿效苏联五年计划编制的，其核心任务是集中主要力量进行以苏联帮助我国设计的156个建设单位为中心、由限额以上的694个建设单位组成的工业建设，建立我国的社会主义工业化的初步基础。“一五”计划的重点是发展重工业，包括建立和扩建电力工业、煤矿工业、石油工业、钢铁工业、有色金属工业和基本化学工业；建立制造大型金属切削机床、发电设备、冶金设备、采矿设备和汽车、拖拉机、飞机的机器制造工业，力图通过优先发展重工业，加快国家的工业化和国防现代化。按计划，五年内全国经济建设和文化教育建设的支出总数为766.4亿元，折合黄金7亿两以上。其中用于基本建设的投资为427.4亿元，占总支出的55.8%。工业是基建投资的重点，占58.2%。重工业又是工业基建投资的重点，占88.8%。

“一五”计划是计划经济时期所有“五年”计划中完成情况最好的一个。由于国民经济刚从长期战乱中恢复过来，我国仍然处于一穷二白、百业待兴的状态，政府通过行政手段集中资源进行经济建设的成效十分明显，计划经济体制“集中力量办大事”的优势充分发挥。总的来看，“一五”计划进行得比较顺利，超额完成了原定计划任务。基本建设方面，“一五”时期全国完成基本建设投资总额550亿元，其中经济和文教投资完成493亿元，超过计划的15.3%。新增的固定资产460亿元。五年内施工的工矿建设项目达1万多个，其中限额以上921个，比原定计划增加227个。这些项目为实现我国的工业化和现代化打下了初步基础。工业方面，1957年，工业总产值达783.9亿元，比1952年增长128.3%。钢的产量达到535万吨，为新中国成立前最高产量的5.8倍。原煤1.3亿吨，为新中国成立前最高产量的2.1倍。发电量193.4亿度，为新中国成立前最高年产量的3.2倍。涌现出一批新的工业部门，如飞机制造业、汽车制造业、新式机床制造业、发电设备制造业，冶金与矿山设备制造业等，旧中国工业的落后面貌开始改变。农业方面，1957年，农业总产值比1952年增长24.8%，年均增长4.5%。粮食总产量达到3900亿斤，为计划的102%，比1952年增长19%，比新中国成立前最高年产量增长33%。棉花总产量达到3280万担，为计划的100.3%，比1952年增长26%，比新中国成立前最高年产量增长93%。运输邮电业方面，1957年底，全国铁路通车里程达2.9万公里，比1952年增加22%，宝成铁路、鹰厦铁路、集二铁路和武汉长江大桥先后建成。全国公路通车里程达到25万多公里，比1952年增加1倍。航运、空运、邮电业务等都有较大增长。商业和外贸方面，1957年，社会商品零售总额为474.2亿元，比1952年增长71.3%。主要消费品如粮食、食用植物油、盐、糖、棉布、胶鞋、机制纸、卷烟等的零售量均比1952年有显著增长。“一五”时期进出口贸易总额增长62%。人民生活方面，“一五”时期全国职工的年均工资增长42.8%，农民收入增长27.9%。城乡居民人均消费水平平均每年提高4.2%，城乡居民的储蓄存款增长2倍多。此外，科学、教育、文化、卫生等事业也有很大发展。

虽然“一五”计划取得很大成就，但是由于市场机制的作用被排斥和政府计划管理体制固有的缺陷，计划实施过程中也存在一些突出问题。

第一，经济起伏较大，经济建设在波动中前进。“一五”期间出现两次经济波动。第一次波动是在1953—1955年。“一五”计划的实施从一开始就出现了“过热”现象。1953年，工业生产特别是基本建设的增长过快，当年投资规模计划增长70.57%，实际增长83.68%，投资需求大大超过了各项物资的供给能力。其主要原因是一些部门和地方急于求成的思想和缺乏经验。1954年，受农业歉收的影响，农产品原料供应、市场的消费供应和财政来源有所减少，工业建设中的原料和资金问题一时更加紧张，工业生产的供产销之间出现了不平衡。针对这些问题，在下半年采取了集中使用资金、物资和建设力量保证重点建设等措施。1954年基本建设增长13.26%，比1953年大大降低，1955年又降至2.65%。1953年国民生产总值增长率达15.6%，1954年和1955年分别降至4.2%和6.8%。1953年工业总产值增长率高达35.7%，1954、1955两年分别降至19.3%和6.6%。第二次波动是在1956—1957年。1956年，经济建设再一次出现了急躁冒进现象。主要表现：一是基本建设投资陡增。1956年基本建设投资额比上年增长62%。基本建设项目和投资额一次又一次地追加，导致资金、钢材、木材和部分机械设备供应的紧张，一些项目出现停工、窝工待料现象。二是职工人数剧增。1956年增加职工230万人，超过计划146万人。职工工资总额的大幅增长助长了消费品供不应求的现象。三是信贷突破计划。1956年计划农业贷款增加11.2亿元，但执行结果达到20.3亿元。信贷大幅突破导致当年财政出现18.3亿元赤字。财政赤字引起银行货币投放的增加，又不得不动用相应物资来保证，使该年的商业库存比上年减少17亿多元。为纠正经济建设中的急躁冒进倾向，政府对1957年的基本建设计划进行了压缩，经济发展又出现较大起伏。1956年，国民生产总值增长率为15.0%，1957年下降至5.1%。1956年，工业总产值增长率达28.6%，1957年下降至11.4%。

第二，重工业发展过快，经济结构出现失衡。新中国成立后，党和政府在考虑国家工业化战略问题时，鉴于经济基础薄弱、资金匮乏等情况，曾设想先发展农业和轻工业，为工业的发展提供足够的原料、粮食和市场，并积累资金，同时提高人民的生活水平，然后再集中资金和力量去发展重工业。但是不久，朝鲜战争爆发，我国同美国在朝鲜战场上进行力量悬殊的较量，凸显了工业实力不强、武器装备落后给战局带来的不利影响，使得加快实现我国工业化、国防现代化的客观要求更为紧迫。同时，国际上有苏联优先发展重工业、快速实现工业化的成功经验。在这种情况下，党和政府确定了优先发展重工业的战略。“一五”时期，重工业投资占工业部门基本建设投资的85%，占全国基本建设总投资的一半左右。在高投入的驱动下，重工业取得惊人的发展。1957年重工业实现产值379.4亿元，比1953年增长210.4%，年均增长率为25.4%。而同期轻工业的增长率为12.8%。重工业占全部工业的比重由1952年的35.6%迅速上升到48.4%，轻工业的比重则由64.4%下降到51.6%。同时，工农业之间发展也不平衡。“一五”时期，基本建设投资中，工业部门占56%，运输邮电部门占18.7%，农林水利部门仅占8.2%。农业生产总值年均增长率只有4.04%，占国民生产总值的比重由1952年的50.5%下降到1957年的

40.3%。国民经济各部门之间必须保持合理的比例关系。重工业的发展最终是为了满足轻工业、农业发展和人民生活水平提高的需要。片面发展重工业，不仅影响轻工业和农业的发展，影响人民生活，也反过来影响重工业自身的发展。这一点在后来的“大跃进”运动中表现更加明显。

另外，为了筹集经济建设所需的资金，政府对农民索取较多。除农业税外，政府还通过工农业产品剪刀差，再从农民那里吸取了一部分资金。这些做法影响了部分农民的生活，拉大了城乡差距。

第二节 “大跃进”与严重经济困难

社会主义改造和第一个五年计划顺利完成后，在党和政府中出现了过于乐观的情绪，忽视了我国经济建设的长期性、艰巨性，忽略了经济发展的内在规律。从1958年开始，党和政府采用革命战争年代行之有效的“群众运动”方式开展经济建设，企图以此使经济发展来一个“大跃进”，结果却事与愿违，国民经济出现剧烈波动并陷入严重困难。传统计划经济体制的弊端在“大跃进”时期暴露无遗。

一、“大跃进”运动

1958年5月，党的八届二中全会通过了毛泽东提出的“鼓足干劲，力争上游，多快好省地建设社会主义”的社会主义建设总路线，要求“调动一切积极因素”，“在重工业优先发展的条件下，工业和农业同时并举；在集中领导、全面规划、分工协作的条件下，中央工业和地方工业同时并举，大型企业和中小型企业同时并举；通过这些，尽快把我国建设成为一个具有现代工业、现代农业和现代科学文化的伟大的社会主义国家”。[1] 这一总路线反映了人民迫切要求改变经济文化落后状况的普遍愿望，但是它忽视了经济规律，片面强调人的主观能动性，以致造成严重的后果。八届二中全会以后，“大跃进”运动逐步展开。

“大跃进”先是从农业开始，然后扩大到工业。1958年8月，中央在北戴河召开了政治局扩大会议，对国内经济形势作了不切实际的估计，认为1958年农业生产的“大跃进”，将使粮食总产量比上年增产60%—90%，粮食问题已经基本解决，必须集中力量抓工业，要求全国和地方把注意的重心由农业转移到工业上来，到1962年完成工业、农业和科学文化的现代化，并为开始向共产主义过渡创造条件。北戴河会议后，“大跃进”迅速进入高潮。

“大跃进”运动的突出特点是高指标、瞎指挥和浮夸风。具体表现在：一是不切实际地提出“超英赶美”目标。1957年中央先是提出，用15年或更多一点时间，我国要在钢等主要产品产量方面赶上英国，再用20—30年赶上美国。党的八届二中全会又加快“超英赶美”的速度，要求用7年左右时间赶上英国，再加8—10年超过美国。二是不断膨胀基本建设规模。1958年全国基建投资总额原计划为145亿元，不久就追加到175亿元，7月又决定再加25亿元，8月确定再追加10.5亿元，结果全年国家基建拨款达216.4亿元，加上地方自筹投资，实际全年基本建设达269亿元，为1957年的188%。三是提出工农业生产的过高指标。1958年8月国家计委提出了不切实际的“二五”计划指标：工业总产值平均每年增长53%，农业总产值增长30%左右；各主要产品产量到1962年达到：钢8000万吨，煤9亿吨，粮食15000万斤，棉花15000万担；基本建设投资3850亿元，各项指标远超实际能

① 《新华半月刊》，1958年第11期，第6页。

力。四是工农业生产浮夸风盛行。高指标带来了各级干部的浮夸风，农业生产领域的浮夸风尤其严重。从1958年6月开始，各地大放农业高产“卫星”，如河南省遂平县和平农业社宣称小麦亩产实现7320斤，湖北省麻城县麻溪河乡早稻亩产达到36900斤，福建省南安县胜利乡花生亩产达到10000斤，广西环江县红旗人民公社中稻亩产最高达到13万多斤。报纸上也大肆鼓吹“人有多大胆，地有多大产”，“不怕做不到，就怕想不到”等口号，助长了实际经济工作中虚报浮夸的不良风气。

大跃进运动的核心是全民大炼钢铁。按原定计划，1958年钢产量指标为624万吨，1958年2月将指标提高到700万吨，5月底又增加到800—850万吨，8月份北戴河会议正式决定钢产量要比1957年翻一番，达到1070万吨，并提出了以钢铁翻番为中心，“一马当先，万马奔腾，以钢为纲，全面跃进”。实际上，1958年1—8月份已完成的钢产量只有450万吨，这就要求在9－12月份完成620万吨钢，这在正常情况下是不可能完成的。于是，毛泽东发出书记挂帅、全民全党搞钢铁的号召。这样，一场各行各业群众性大炼钢铁的活动在全国范围内轰轰烈烈地开展起来。全国参加大炼钢铁的人数猛增，当年9月份全国参加大炼钢铁的人数由8月份的几百万人猛增到5000万人，10月底，达到6000万人，最多时达到9000万人。在大炼铁钢中大搞“小土群”（即群众用小炉和土法炼铁、炼钢），1958年9月份全国已有60万座小土高炉，工厂、公社、机关、学校、部队都建起了土高炉，办起了炼铁厂。经过几千万人的日夜苦干，1958年底超额完成钢产量翻番的任务，共生产钢1108万吨，生铁1369万吨。“大跃进”运动虽然把钢产量突击上去了，但却导致了人力、物力、财力的巨大浪费。在1108万吨钢中，合格的钢产量只有800万吨。绝大多数土钢、土铁质量很差，很难加工和使用。国民经济比例也出现严重失调。大炼钢铁中过量开采煤炭和矿石，滥砍滥伐大量树木，对资源破坏严重。

对大跃进中暴露的问题，毛泽东和中共中央不久就有所察觉，1958年11月武昌会议提出要压缩“空气”，降低1959年计划指标，停止大办钢铁，并逐步采取一些调整措施。但是，由于“左”的思想问题并没有得到根本解决，1959年7、8月的庐山会议上，不但中断了原来的纠“左”进程，反而开展了“反右倾”运动。这就使“左”倾错误继续发展，使国民经济陷入了更大的困境。

二、人民公社化运动

人民公社化运动是从1958年3月成都会议上毛泽东提出把小合作社并成大合作社开始的，之后全国各地纷纷开展小社并大社的工作。同年7月1日《红旗》杂志发表文章说：“把一个合作社变成既有农业合作又有工业合作的基层单位，实际上是农业与工业相结合的人民公社”。不久，河南新乡七里营就办了一个人民公社。毛泽东视察了这个社，指出“还是办人民公社好”，认为人民公社是“一大二公”，可以为农村过渡到共产主义创造条件。8月北戴河会议发布了《关于农村建立人民公社问题的决议》，在全国范围内掀起了大办人民公社的高潮。到1958年11月初，参加人民公社的农户已占全国农户总数的99.1%，全国基本实现人民公社化。

人民公社化运动的实质，是不顾生产力发展水平，急于向更高所有制过渡。主要表现在：一是“一大二公”。在人民公社化运动中，公有制规模盲目扩大，公有化程度盲目提高。在短短一两个月内就将过去全国75万多个农业生产合作社并转为2.7万个人民公社，每社平均农户由160户左右扩大到4600户左右。公社实行统一核算，社员的自留地、家禽家畜、家庭副业等收归社有，取消集市贸易。二是政社合一。在人民公社中，经济组织同基层政权合而为一，并把国家在农村的银行、商店和其他企业下放到公社，使公社增加了若干全民所有制成分，成为工农兵学商一体、农林牧副渔俱全的基层组织。三是生活实行集体化和供给制。到1958年共办了340万个公共食堂，340万个托儿组织，1.5万所幸福院。有的地方还实行吃饭、看病不要钱。四是“一平二调三收款”。公社内实行贫富拉平、平均分配，无偿调用农村的人力、物力、财力，并把过去银行的农业贷款一律收回。1958年下半年的农村人民公社化运动中，一些地区甚至制定和宣布了各自实现共产主义的计划，如河北省徐水县提出1963年进入共产主义，山东省寿张县计划在两年后实现共产主义。

人民公社的平均主义、“共产风”“穷过渡”，超出生产力发展阶段，挫伤了农民的生产积极性，给国民经济带来了不利影响。针对这些问题，毛泽东于同年11月的郑州会议上提出要纠正“共产风”，中央先后通过了《关于人民公社若干问题的决议》和《关于人民公社管理体制的若干规定（草案）》，确定公社实行三级（公社、生产大队、生产队）所有、队为基础的核算制，实行等价交换、按劳分配，不许剥夺农民和超越阶段。但在1959年秋庐山会议“反右倾”以后，“左”的东西又复活起来。

三、国民经济的严重困难及调整

“大跃进”和“人民公社化”运动开展以来，由于经济工作指导思想脱离实际、急于求成，高指标、瞎指挥、浮夸风、“共产风”盛行，加上农业连年遭受自然灾害，国民经济出现了极其严重的困难。

首先，农业大幅减产，饥荒蔓延全国。“大跃进”和“人民公社化”运动的最严重的后果之一，是农业生产大幅度下降。1957年，农业总产值为537亿元，1959年下降为475亿元，1960年又下降为415

亿元，1961年更下降为405亿元。其中粮食产量1957年为3900亿斤，1960年下降为2870亿斤，减少了1030亿斤，减少了26.4%。棉花产量1957年为3280万担，1960年下降为2125.8万担，比1957年减少1054.2万担。油料作物产量、生猪存栏数等都有明显下降。这一时期农业生产的下降虽然有自然灾害的原因，但主要原因还是“左”倾错误的影响。“一大二公”“一平二调”等政策严重挫伤了农民的生产积极性。同时大炼钢铁调用了农村中过多的青壮劳力，给农业生产带来极大的负面影响。1960年使用在农业第一线上的劳力，比1957年减少了约4000万人，留下参加农业劳动的大多是妇女、老弱等半劳动力。随着农业生产的急剧下降，饥荒在全国蔓延开来。1960年销售大于购进620万吨，城镇约缺2400万人的口粮。粮食供应紧张迫使政府挤占农民的留粮，加上对农业的高估产，粮食征购占产量的比例由1957年的24.6%增加到1960年的35.6%。农村中粮食留量减少，农民生活尤其困难。1960年与1957年比较，城乡居民平均每人消费量的下降幅度，粮食由203公斤降到163公斤，下降了19.4%，其中城镇居民下降了1.7%，农村居民下降了23.7%；猪肉由5.075公斤降到1.53公斤，下降了69.9%，其中城镇居民下降了69.8%，农村居民下降了72%；食油下降了23%，其中城镇下降了32%，农村下降了22%。这一时期人口的非正常死亡情况十分严重。人口死亡率由1957年的10.8‰，上升到1958年的11.98‰和1959年的14.59‰，1960年更是陡升到25.43‰，全国人口净减少1000万人以上。

其次，经济结构严重失衡，经济发展剧烈波动。由于“大跃进”过程中片面强调“以钢为纲”，过度集中资源发展重工业，导致经济结构严重失衡。一是工业与农业失衡。1957—1960年，工业总产值增长1.3倍，农业总产值却下降22.7%。工业与农业的产值比例由5.7比4.3变为8比2。二是工业与交通运输业失衡。1957—1960年，工业总产值增长1.3倍，生铁产量增长3.6倍，铁矿石产量增长4.8倍，煤产量增长2.03倍，但全国货运量三年仅增长1.2倍，远远落后于煤、铁增长的需要。三是重工业与轻工业失衡。由于工业发展以钢铁为中心，轻工业所需要的燃料动力、运输能力、木材和钢材等原材料经常得不到供应，部分轻工业企业甚至转产电机设备等重工业产品，因此轻重工业之间严重失衡。1957—1960年，重工业总产值增长243.8%，轻工业总产值仅增长41.3%。从1960年开始，轻工业总产值还连续大幅下降。轻重工业之间的比例1957年是55比45，1960年变为33.4比66.6。一些轻工业产品如电池、灯泡、民用锁、火柴、日用陶瓷、铁锅甚至发卡等小商品，也因生产被重工业过分挤占或安排不够而供应紧张，严重影响人民群众的生活。四是重工业内部失衡。原燃材料基础工业远远落后于加工业。1960年机械化半机械化的炼钢能力已达1700万吨，而相应的采矿能力只能满足冶炼1200万吨钢的需要。1957—1960年，煤炭产量虽然增加了两倍，但仍然不能满足钢铁冶炼的需要，煤矿掘进度落后于开采，设备损坏严重使全国重点煤矿的产量从1960年7月开始直线下降，致使许多企业因缺煤而停工或半停工。经济结构严重失衡使经济发展难以为继，政府不得不大力进行调整，结果是经济出现大起大落，国民经济遭受重创。1958年国民生产总值增长率达21.3%，其中工业增长率高达52.9%。1961年国民生产总值增长率剧降至-27.3%，其中工业增长率降至-39%。

第三，财政和信贷失控，物价上涨明显。“大跃进”运动中基本建设扩大过速，职工增加过快，导致政府财政支出浩大，连年出现财政赤字。1958年、1959年和1960年三年财政赤字分别为21.8亿元、65.8亿元和81.8亿元，合计达169.4亿元之多，为财政收入的11.7%。信贷也出现膨胀和失控。在“大跃进”过程中，银行信贷工作重放轻收，甚至提出“需要多少，贷给多少”，银行贷款大幅度增加。银行对工业贷款，1957年为33.4亿元，1958年增加到91.9亿元，1959年又增加为258.3亿元，到1960年更增加为399.6亿元，增长了近12倍。同期银行对商业的贷款也从216.4亿元增加到342.4亿元、495.3亿元和506.3亿元，增长了1.3倍多。财政赤字和银行贷款过多，使银行不得不通过大量发行货币来平衡。1957年末货币发行量为53亿元，1959年增加到75亿元，1960年又增加到96亿元，比1957年增加了81%。财政支出、信贷和货币发行量增长过快，引起社会购买力急剧增加。1957年社会购买力为488.2亿元，1960年增长为716.7亿元，增长了46.8%。而同期由于农业、轻工业减产，国家掌握的商品迅速减少，市场上商品出现严重供不应求，引起物价上涨。1960年，全国零售物价总指数比上年上升了3.8%。这是1954年以来物价的最高涨幅。

面对严重的经济困难，1961年1月，中央决定对国民经济采取"调整、巩固、充实、提高"的八字方针，方针的重点是调整，主要任务是克服困难，恢复农业、工业，争取财政经济状况的根本好转。调整国民经济的措施主要有以下几个方面。一是调整农村生产关系，恢复和加强农业。重申农村人民公社实行以生产队为基本核算单位的三级所有制度，取消供给制，停办食堂，实行按劳分配原则。返还社员自留地，鼓励经营家庭副业，恢复农村集市贸易。减少粮食征购量，适当下调农业税率，增加农业贷款和农业所需物资的供应。二是坚决缩短基本建设战线。全国基建投资由1960年的384亿元压到1962年的67.6亿元，退到只能维持简单再生产的程度。对在建工程进行排队，坚决停建、缓建一批项目。经过调控，建设项目大幅削减，以工业建设为主的全国施工的基本建设项目，1960年达8.2万多个，1962年减为2.5万多个。三是降低工业生产计划指标。对工业生产建设计划，特别是原煤、钢、铁、木材等主要工业品生产指标一再降低，使调整基本上落到了实处。1962年计划指标同1960年比较，工业总产值下降47%，重工业总产值下降57%，钢产量下降68%，原煤、木材和发电量等也大幅度下降；轻工业总产值也下降26%，棉纱、棉布、卷烟、食糖等轻工业产品产量均大幅降低。四是对工业企业进行关、停、并、转。对那些缺乏原材料、消耗高、质量低、经济效果差的工业企业，分别采取关闭、暂时停产、合并或转产等措施，1959年全国工业企业有31.8万个，1962年减少到19.7万个，减少了38%。五是减少职工和城镇人口。为减轻城镇的供应紧缺，要求各级机关裁并机构、减少层次，要求各机关、企业、事业单位的职工，特别是1958年以来从农村招收的职工，凡是能够回农村的，都动员回农村务农。到1963年6月，全国共减少职工1887万人，城镇人口压缩了2600万人。六是稳定市场。大力压缩社会集团购买力，减轻市场供应压力。对部分消费品如糖果、自行车、钟表、酒、茶叶、针织品等的供应实行高价政策，以增加财政收入和回笼货币。增加流通渠道，积极恢复"大跃进"以来已撤销或合并的供销合作社、合作商店和合作小组，开放农村集贸市场。

经济调整取得了明显效果。到1962年底，农业、轻工业、重工业的生产下降趋势开始扭转，财政实现了收支平衡，市场价格有所下降，人民生活也开始好转。1965年调整任务胜利完成，不但工农业总产值、国民收入、财政收入、主要产品产量都大大超过了1957年，不少经济技术指标还创造了历史最好水平。

四、计划管理体制的调整

"大跃进"时期，为了推动经济超常规发展，实行了以下放管理权限给地方为重点的经济管理体制改革。一是下放工业企业。1958年6月，中央工业部门匆忙下放了880多个单位，80%的中央各部门所属企事业单位已下放给地方管理。一些关系国民经济命脉而又不适宜地方管理的企事业单位如交通、邮电、航空、港口、电网等也都下放了。二是下放计划管理权和企业管理权。为了让地方放手大干，1958年6月底，中央将劳动力的招收、调剂管理权下放到各省、市、自治区负责。同年9月，又规定，基本建设的大中型项目大部分都由地方、各部自行审批。此外，物资分配权、财税权、商业和信贷管理权、企业管理权等也都不同程度地下放。经济管理权限下放得过快过急，造成了很大的经济混乱。

国民经济调整时期，党和政府对“大跃进”时期的经济体制进行了调整，收回了下放的大部分管理权限，进一步强化了高度集中的计划经济体制。一是工业管理权再次集中。1961年以后，一些工业部门陆续调整了部分企事业单位的隶属关系，主要是将若干工矿交通企业由地方领导或中央与地方的双重领导改为由部直接领导。各部直接领导企业数量大量增加，到1963年，全国120个机械工业骨干企业中有110个由第一机械工业部上收；冶金部直属的大型钢铁企业有24个。轻工业方面1961—1965年共上收企业308个。到1965年，包括新建企业在内，中央直属企事业单位增加到10533个，工业总产值占全国工业总产值的42.2%。二是加强计划管理的集中统一。将计划决策权高度集中统一于中央，改变“大跃进”期间“两本账”的做法，执行“全国一盘棋，上下一本账”的方针，杜绝指标层层加码、愈加愈高的现象。改变“大跃进”期间自下而上编制计划的程序，恢复“两下一上”的程序，即先由国务院颁发控制数字，然后自下而上编制计划草案，最后由国务院批准下达计划。三是加强基本建设投资的集中管理。收回基本建设项目审批权和投资计划管理权，大中型建设项目一律由国务院或国家计划委员会批准，一切基建都必须按审批权限报请批准，按基本建设程序办事。所有建设项目的设计任务要经过批准，才能列入年度计划。所有建设项目要在设计文件经过批准和各种建设条件落实后，才能动工。四是加强财政金融的集中管理。上收财权，缩小地方财权和财力。加强预算内和预算外资金管理，压缩预算外开支。改进企业财务管理体制，恢复和健全企业成本、资金管理制度。收回银行下放的一切权力，对银行业务实行完全彻底的垂直领导，集中信贷管理权。五是加强物资的集中统一管理。成立国家物资管理部，建立全国统一的物资垂直管理体制。增加统配、部管物资，加强统配物资销售业务和销售机构的统一管理。六是加强物价管理。成立全国物价委员会并建立健全各级物价委员会机构，划分了中央与地方的物价管理权限，制定一些大类商品的作价办法和管理规定，加强基层物价管理和审价工作。经济管理权限的再次集中，对于促进国民经济的调整和恢复起了积极作用。但是，权力的过分集中又使地方、企业的积极性受到压抑而不能发挥，出现“一抓就死”的问题。

第三节　“文化大革命”与经济波动

1965年，国民经济调整任务基本完成。1966年上半年我国经济出现了快速发展的态势。但是1966年5月，“文化大革命”爆发，林彪、江青、康生、张春桥等乘机煽动，在全国掀起了“打倒一切，全面内战”的动乱，这个局面一直持续到1976年。这一时期，经济发展不仅受到计划经济体制的束缚，又受到政治运动的反复冲击，国民经济遭受灾难性的破坏。“文革”结束后，又出现短暂的“洋跃进”运动，传统体制下的扩张冲动再一次出现。

一、“文化大革命”对经济的冲击

1967年和1968年是“文革”最混乱的时期。在抓“走资派”和“夺权”的冲击下，全国经济组织管理体系陷入瘫痪。主管全国工业交通生产的国家经济委员会被迫停止办公，国家计划委员会的工作也几乎停顿，许多经济部委和地方主管经济的厅局被打成“走资派”，不少大中型企业领导班子陷于瘫痪。许多行之有效的经济政策和规章制度被废弛，正常的经济生活秩序被打乱，交通运输阻塞，煤、电、运输紧张，大批个人离开岗位“闹革命”，许多工矿企业停工停产。政治大动荡导致国民经济急剧下降。1967年工农业总产值比上年下降近10%，1968年又下降4.2%。主要工农业产品产量大都连续两年下降，财政收入减少，市场供应紧张，出现了“文革”时期第一次经济大倒退。

1969年政治局势暂时趋于稳定，国民经济有所回升，但是又出现了建设规模膨胀的问题。1971年9月林彪集团覆灭后，周恩来主持中共中央的日常工作，提出了若干整顿措施，主要是加强统一计划，控制基本建设规模；加强劳动工资管理，控制职工人数；加强企业管理，恢复和健全岗位责任制、技术操作规程、质量检验制度、设备管理和维修制度、安全生产制和经济核算制；加强对外经济关系，分别从联邦德国、日本等国引进了武钢一米七轧机、多套大型化肥成套装置和综合采煤机。这些措施使经济出现了转机。1973年社会总产值、工农业总产值和国民收入总额均创历史最高水平，分别比1972年提高8.6%、9.2%和8.3%。但是，1973年底，“四人帮”掀起“批林批孔”运动，又把刚好起来的经济势头打了下去，工业生产急剧下降，铁路运输堵塞，港口压船，财政赤字，人民生活水平降低，国民经济出现“文革”时期的第二次大倒退。

1975年1月，周恩来病重，由邓小平主持中共中央和国务院的日常工作。邓小平着手对经济进行整顿。一是整顿铁路运输。当时，由于开展“批林批孔”运动，徐州、南京、南昌等铁路咽喉阻塞，严重影响工业生产和城市人民生活。为了整顿铁路，中央规定全国铁路由铁道部统一管理，调整充实铁路系统的各级领导班子，大力恢复健全各项规章制度。到4月份，几个堵塞严重的铁路局都疏通了，全国铁路日装车量达到历史最好水平，列车安全正点率也大大提高。二是整顿工业生产。以钢铁生产为重点，对整个工业生产进行了整顿。具体办法是：整顿和加强各级领导班子，坚决反对派性，落实各类人员政策，建立和健全必要的规章制度。到6月底，钢日产量超过了全年计划平均水平。工业生产和整个国民经济情况也明显好转。1975年国民经济计划执行的结果，工农业总产值比上年增长了11.9%，其中农业增长4.6%，工业增长15.1%。此外，还对科技、教育、军队和国防工业等进行了整顿。但是，毛泽东不能容忍邓小平系统地纠正“文革”的错误，发动了“批邓、反击右倾翻案风”运动，经济形势又急转直下，出现了“文革”时期第三次经济大倒退。

十年动乱对国民经济造成极为严重的破坏，除了经济出现三次大倒退外，还表现在以下几方面：

第一，国民经济严重失衡。一是积累和消费比例严重失调。1970年以后，由于基建规模扩大，我国积累率一直很高，积累占国民收入的比重由1969年的22.2%上升到1970年的32.9%，1971年再上升到34.1%，1970—1976年积累率平均为32.6%。高积累挤占了人民群众的消费，“文革”十年全民所有制职工的平均工资下降6%。二是农轻重比例严重失调。1966—1976年工农业总产值中，重工业比重由32.7%上升到38.9%，农业由35.9%下降到30.4%，轻工业由31.4%下降到30.7%。三是工农业生产与交通运输比例严重失调。由于过分注重内地铁路新线的建设，忽视运输繁忙地段的铁路旧线改造，使铁路主要干线的运输能力越来越不适应国民经济的发展。1966—1976年，工农业总产值增长了近一倍，其中工业总产值增长了1.25倍，而全部货物周转量增长不到77%，其中铁路货物周转量增长只有28.2%。

第二，经济效益指标全面下降。由于企业中劳动无定额、成本无核算、生产无人负责，产品消耗大、质量低、品种不对路的现象十分普遍，投入多产出少问题日益突出。每百元积累所增加的国民收入，由“一五”时期35元下降到“三五”“四五”时期的26元和16元。工业资金利税率由1966年的34.5%下降到1976年的19.3%。基本建设中的固定资产交付使用率由“一五”时期的83.7%下降到“三五”“四五”时期的59.5%和61.4%。到1976年，全国约有1/2以上的企业亏损。国家财政1967—1976年连年发生赤字，10年支大于收共19亿元。

第三，人民生活水平停滞不前。全民所有制各部门职工除1971年部分调整了一次工资外，再未增加过工资。1966—1976年，平均工资不但没有增加，反而下降4.9%。1976年人均消费同1966年比，粮食从190.5公斤提高到191.5公斤，只提高0.5%，低于1952年水平；食用植物油从1.75公斤降低到1.6公斤，下降8.6%；猪肉从7.05公斤提高到7.25公斤，仅上升2.8%。城镇职工住房一直十分紧张，据1978年对182个城市统计，人均住房面积为2.6平方米，比1949年的人均4.5平方米还少。

二、“三线”建设

“文革”时期，我国实施了一项规模宏大的经济建设工程，对经济发展和经济布局产生重大影响，这就是著名的“三线建设”。所谓三线是相对于东北和东南沿海地区及其内地的一、二线地区而言的，大致是甘肃省乌鞘岭以东、山西省雁门关以南、京广铁路以西和广东省韶关以北的区域，其范围包括四川、贵州、云南、陕西、甘肃、青海、宁夏等省区的全部或大部分地区，以及河南、湖北、湖南、山西四省的西部地区，共约318万平方公里，占全国总面积的三分之一。三线建设的起因是1964年越南战争的全面爆发。从20世纪60年代中期到70年代中期，在“备战、备荒、为人民”的口号下，我国集中了建设投资总额将近一半的巨额资源，在三线地区进行高强度的以工业交通建设为重点的三线建设，旨在形成工业和国民经济的纵深配置，建立起战时的战略后方。

三线建设是我国经济建设史上的空前壮举。1966—1978年，我国用于三线地区的基本建设投资累计1628.37亿元，占同期全国基本建设投资总额的42.6%。三线建设取得了很大成就。一是基本建成了战略后方的国防工业生产和科研基地，完善了国防工业乃至整个国民经济的布局。在三线地区先后建成了四川攀枝花钢铁厂、甘肃酒泉钢铁厂、湖北十堰汽车厂等工业企业，新建了四川渡口、贵州六盘水等煤矿和甘肃刘家峡、湖北丹江口等发电厂，还建成了一些新的工业中心，包括川贵云在内的西南机械工业基地，以机床、轴承制造为特色的银川工业区，以及黔西大型煤炭电力基地等。二是大大推动了三线地区的经济发展，改变了这些地区的落后面貌。三线建设过程中，建成了近2000个大中型骨干企业、科研单位、大专院校和交通邮电项目，形成了45个以重大产品为中心的专业化生产科研基地和30个各具有特点的新兴工业城市，基本建成了以国防工业为重点，以交通、煤炭、电力、钢铁、有色金属工业为基础，机械、电子、化学工业相配合的门类比较齐全的工业体系。还建成了川黔、成昆、湘黔、襄渝、贵昆等5条铁路干线，形成了西南地区新的交通骨干网络，改变了这一地区交通闭塞的状况。工业和交通的发展又促进了商业、文化、教育和卫生等事业的发展，形成了一批以工矿企业为主的中心城镇，一些偏僻山区和少数民族地区的落后面貌得到不同程度的改变。

但是，三线建设是在“左”的思想指导下进行的，因此也存在许多问题。一是建设规模过大、战线过长。“三线”建设的决策是在越南战争的特定国际环境下作出的，当时中央和毛泽东对国际形势的判断和对爆发大规模侵略战争可能性的估计过于严重，在不断加强战备的背景下，建设规模越搞越大，战线越拉越长。“三五”和“四五”计划将全国一半左右的建设资金投向“三线”地区，仅1969—1971年新建和内迁的大中型建设项目就达1000多个。由于建设规模超过了国家的经济实力，资金、设备、原料难以到位，致使部分工程中途下马或长期不能投产，造成很大的经济损失。二是要求过急，浪费严重。出于战备考虑，“三线”建设要求抢时间、争速度。有些项目未进行资源环境的调查和论证就仓促上马，全面铺开。有些项目甚至是边勘探、边设计、边施工，以致有的工程建在断裂带上，有的建在溶洞和煤矿采空区上，有的建在河滩上，建成投产后，经常受到洪水、塌方、泥石流的侵袭，损失严重。为了追求速度，有些工程不顾客观条件，不按基本建设程序办事，施工中又不能遵循科学规范的要求，严重忽视质量，致使工程建成后，遗留问题甚多。有些项目工程盲目追求自成体系，为了独立生存，生产上不得不搞“大而全”“小而全”，造成资金、物资分散使用、重复建设。三是投资比例严重失衡。从部门看，由于三线建设立足于“早打、大打、打核战争”，因而投资主要集中在重工业特别是国防工业上，轻工业、城市公用设施建设和居民住宅建设的投资不足，影响人民群众的生活。从区域看，三线建设集中于西部经济落后地区，投资回收期长、效益低。而沿海地区投资不足，沿海原有的工业基地得不到更新改造，一些沿海老工业基地设备陈旧、技术落后，不利于利用沿海地区的优势促进整个国民经济的发展。从重工业和国防工业内部看，比例也不协调，突出表现为机械加工能力增长过快，冶炼和采掘能力投资不足，造成了能源、原材料供给短缺。四是投资效益较差。“三线”建设是作为战备工程来进行的，工业布局不是以经济技术合理、交通便利为标准，而是以靠山、分散、隐蔽为原则，造成投资效益低下。“文革”期间，基本建设固定资产交付使用率只有59.6%，每百元基建投资增加的国民收入为28.93元，分别比“文革”前下降26.3%和38.8%。一些企业远离城市，远离交通要道，分散在深山沟里，生产协作与管理都十分不便，职工生活存在困难，不能安心工作。

三、“洋跃进”运动

1976年10月“四人帮”被粉碎，“文化大革命”宣告结束。随着政治上实现安定团结，思想理论上开始纠正“左”倾错误，国民经济出现转机，工农业生产得到恢复和发展，国民经济各方面迅速回升。但是，由于当时担任中共中央主席的华国锋提出了“两个凡是”方针，没有对经济工作中长期存在的“左”倾错误进行清理，1977年、1978年经济工作中又出现了违背客观经济规律、急于求成的“新的跃进”。由于这次新“跃进”强调放手引进国外资金、技术和设备，被称为“洋跃进”。这次“洋跃进”运动有两个突出问题。

一是经济发展指标过高。农业方面，1977年1月，国务院将《关于1980年基本上实现农业机械化的报告》转发各地区、各部门，要求到1980年全国基本上实现农业机械化，使农、林、牧、副、渔业的机械化水平达到70%左右。按照这一要求，在四年内，大中型拖拉机拥有量要增长66%，化肥年产量要增长一倍。1977年12月中央又提出到1980年全国粮食要达到7000亿斤，棉花产量达到6000—6750万担。这些实际上都是无法实现的高指标。工业方面，1978年五届人大一次会议通过了《1976—1985年发展国民经济的十年规划纲要》，规定到1985年，粮食产量要达到8000亿斤，钢产量达到6000万吨，原油产量达到2.5亿吨；新建和续建120个大项目，其中有30个大电站、8个大煤炭基地、10个大油气田、10个大钢铁基地、9个大有色金属基地、6条铁路干线和5个重点港口。在如此短的时间完成这样巨大的建设规模，无论从资源、财力、技术力量还是建设周期来说都是不现实的。

二是经济建设步子过急。1978年7月国务院务虚会提出要组织国民经济新的大跃进。在这一思想指导下，9月全国计划会议下达的1979年计划中，物资、财政、外汇都留有较大缺口。如燃料缺1500万吨；水泥在进口1200万吨、上调地方小水泥200万吨以后，还缺100多万吨；木材缺75万立方米；外汇支大于收达100亿美元。而且又为基本建设追加投资合计达到83亿元，基建投资的总规模比1977年增加100多亿元，成为50年代“大跃进”之后增长最高的年份。在引进外资与先进技术方面也行动过急，许多项目未经充分论证便匆匆引进。以化工部引进项目为例，1978年内，同国外签订了引进8个化工成套设备和1个化肥厂的合同，包括国内工程投资在内，总投资共需160多亿元。加上其他部门引进，共计22项，需要外汇130亿美元。这样大规模的引进，远远超出了当时国力允许的范围，加剧了国民经济的困难。

“洋跃进”运动又一次使国民经济陷入严重的失衡和困境。积累和消费的比例严重失调，积累在国民收入使用额中所占的比例，由1976年30.9%猛增到1978年36.5%，这是新中国成立以来仅次于1959年和1960年的又一次高积累，这样高的积累率势必挤占人民群众的消费，加剧积累与消费的比例严重失调。农轻重比例也进一步失调，从1976年到1978年，在工农业总产值中，农业比重由30.4%下降到27.8%，工业则由69.6%上升到72.2%；在工业总产值中，轻工业比重由44.2%下降到43.1%，重工业则由55.8%上升到56.9%。

四、计划管理体制的变化

“文革”时期，计划管理体制又出现一些变化。针对国民经济调整时期经济管理权限的再次集中束缚了地方和企业积极性的问题，1966年毛泽东再次提出放权的意见，但是由于“文革”开始以后全国政局混乱而不得不搁置下来。到1970年，国内政治局势相对稳定，同时，根据战备需要和各地方建立独立而完整的国防工业体系的要求，中央又重新扩大了地方和企业的管理权限。

这次扩大地方和企业管理权限具体措施如下。一是对国家机关进行大撤并。1970年6月，中央决定对国务院各部委和直属机构进行重大调整，由原来的90个部门合并调整为27个，缩减编制82%，为管理权限下放扫清道路。二是下放企业管理权限。1970年3月，国务院规定，工交各部直属企事业单位绝大部分下放给地方管理；少数由中央和地方双重领导，以地方为主；极少数大型或骨干企业，由中央和地方双重领导，以中央为主。经过1970年的大下放，中央直属企业、事业单位由10533个减少到1674个，占全国工业总产值的比重由42.2%下降到6%。辽宁鞍钢、大庆油田、长春一汽、开滦煤矿等关系国计民生的重点骨干企业均下放给省、市、自治区管理。三是实行物资分配和基建“大包干”。物资分配“大包干”就是在“国家统一计划下，实行地区平衡、差额调拨、品种调剂、保证上缴”，以扩大地方的物资管理权。1972年国家统配物资和部管物资的种类比1966年减少60%以上。1970年国家为了支持地方发展“五小”企业，实现自给自足、自成体系，实行基本建设投资“大包干”，结果导致地方乱上项目和基本建设投资膨胀。四是实行财政“大包干”。1971年，随着企业下放给地方管理，财政管理体制也有很大变动，对省、市、自治区试行“定收定支，收支包干，保证上缴，节余留用，一年一定”的制度，财政收入除中央直接管理的企业收入和海关关税归中央外，其余全部归地方；财政支出除中央直接管理的基本建设、国防战备、对外援助、国家物资储备等支出归中央外，其余也全部划归地方。五是金融体制进一步集中。1969年中国人民银行并入财政部，1972年又从财政部独立出来，中国人民银行加强了银行工作的统一计划和调度，强化了各项业务的基本制度的统一。1975年财政部提出银行工作继续实行“统一领导，分级管理”。六是劳动工资制度更加僵化。1971年国务院规定，常年性的生产和工作岗位应使用固定工，目前这种岗位上的临时工可以转为固定工，结果使650万临时工转为固定工，助长了“铁饭碗”思想。在工资制度上，1969年把企业综合奖改为附加工资，取消原来按计划完成情况提取奖励基金的制度，改为按职工标准工资总额的一定比例提取职工福利基金。同时取消计件工资制度。这样，我国的工资制度进一步单一化，分配中的平均主义更加严重。

“文革”时期经济体制变动主要特点是放权，旨在消除原有经济体制中权力过度集中的弊病，也确实调动了地方的积极性，但是仍然没有跳出“一放就乱”的怪圈，原有弊病没有得到实质改善，又增加了乱与散的新问题。粉碎“四人帮”后的头两年，随着对“左”倾思想的批判的开始，按劳分配原则和计件工资、奖金等分配形式重新得到肯定，并明确了社会主义应当发展商品生产。但是，当时“左”的思想并没有彻底肃清，如1977年冬的普及大寨县座谈会上确定，全国要选择10%左右的大队实行统一核算，为进一步过渡创造条件。这一时期的经济体制基本上因循守旧，变化不大。对经济体制的全面改革是在党的十一届三中全会召开以后。

第四节　计划经济体制的弊端

计划经济是政府配置资源的一种极端形式。新中国成立后，我国选择这种体制，原本希望借此克服市场经济存在的问题，实现国民经济“多快好省”地发展。但是，计划经济26年的实践证明，计划配置资源方式并非想象的那样完美，相反，其资源配置效率十分低下。

一、计划配置资源的效率分析

计划经济时期，我国社会主义经济建设虽然也取得一定成就，但是总的来看，计划配置资源的效率低下，主要表现在以下几方面：

首先，实际经济增长率低于潜在经济增长率。1953—1978年我国GDP年均增长率为6.1%，这一增长率虽然不算低，但是考虑到经济增长的起点较低，特别是与改革开放以后近10%的年均增长率相比仍然有较大差距，计划经济时期的实际经济增长率明显低于潜在经济增长率。根据有关研究，我国GDP总量占世界GDP总量的比重，1950年为4.4%，1973年为4.6%，变化不大。可见，在计划经济体制下，我国经济增长潜力并没有充分释放出来。

其次，经济波动过大。实行计划经济原为克服市场经济中的周期性波动。但是实际上经济波动更加频繁，波动的幅度更大。1953—1978年，我国经济经历了8次经济波动，平均每次波动周期仅3.25年。波动周期短，幅度大。以“大跃进”时期为例，1958年GDP增长率达21.3%，其中第二产业增长率更是高达53.4%；而1961年GDP却下降27.3%，其中第二产业下降42.1%。经济的剧烈起伏，给国民经济造成巨大损失。

第三，经济结构严重失衡。计划经济时期，我国工农业之间和工业内部发展严重失衡。1952年农业和工业总产值比例为1：0.75，1956年上升到1：1.05，1960年又迅速上升到1：3.58。其后经过调整，工业比重大幅下降，1968年工农业比例为1：1.38，1978年又上升到1：2.59。轻重工业产值比例的变化也遵循同样轨迹，1952年为1：0.55，1978年上升到1：1.32。虽然说一个国家在工业化过程中工业发展较快有其必然性，但是我国工业特别是重工业的比重过高主要是脱离部门间合理比例关系片面发展的结果。

第四，经济效率十分低下。计划经济时期的经济增长是由高积累、高投入推动的。“一五”“二五”“三五”和“四五”时期的积累率分别为24.2%、30.8%、26.3%和33%。在我国经济发展和人民生活水平还不高的情况下，这样的积累率还是比较高的。特别是有些年份，为了“大干快上”，积累率畸高，如1959、1960年积累率分别达43.8%和39.6%。高投入带来的却是低产出。1957—1978年我国国民经济投入产出比平均为1：0.71。两次“大跃进”时期的投入产出比尤其低下，1960年和1977年投入产出比都只有1：0.64，经济效率十分低下。

第五，人民生活水平提高缓慢。1949年城镇居民人均可支配收入不到100元，1978年增加到343元。1949年农村居民人均可支配收入为44元，1978年增加到134元。扣除物价因素，实际增长幅度有限。从1959—1976年期间，政府仅给指定的工人提高过四次工资，1978年城镇职工年平均工资仅为615元，人均收入仅316元。另据统计，1978年农村贫困人口达2.5亿人，有2/3的生活水平不如20世纪50年代初期，有1/3则连30年代也不如。

二、计划经济体制的基本特征及弊端

计划经济体制配置资源效率之所以十分低下，是由这种体制的特征及其弊端决定的。

第一，所有制结构单一化。计划经济体制下的所有制结构是单一的公有制，包括全民所有制和集体所有制，两者实际上是政府对生产要素直接所有和间接控制的两种形式，是计划经济体制赖以建立和运行的基础。单一公有制虽然有助于实现政府意志和社会公平，但是也带来一些问题。一是外部性引起的消极经济行为。在单一公有制下，无论是城镇国营企业职工还是农村生产队社员，其经济行为后果由政府或集体承担，而与当事人个人利益相分离。职工或社员干得好得不到应有的经济奖赏，干得不好也不用承担经济责任，结果使他们缺乏干好、多干的积极性，导致经济行为的低效率。二是软预算约束下的扩张冲动。公有制企业由于缺乏私人企业的硬预算约束，在业绩的驱动下存在“投资饥渴”。不仅企业，掌握大量资源的政府本身也因缺乏硬预算约束而具有扩张冲动，如大跃进时期的两本账制度和计划指标的层层加码，推动了经济的超常规扩张。在计划经济时期，几乎每次经济波动都是由政府及其所属企业的扩张冲动引起的。

第二，决策权力集中化。在计划经济体制下，决策权高度集中于政府特别是中央政府，不论是宏观经济决策，还是企业生产经营决策，都是由中央计划部门或各主管部门作出，政府涉足的领域无所不包，严重束缚了企业、个人和地方的积极性。一是束缚了企业的积极性。在政府计划管理体制下，企业没有独立生产经营的决策权、劳动人事权、资产处置权等权力，只是一个生产单位，任务就是完成政府的指令性计划安排，所需生产要素和生产出来的产品由政府统一调拨。在这种情况之下，企业就失去了生产创新、经营创新和技术创新的积极性。二是束缚了劳动者个人的积极性。高度集中的计划经济，政府对劳动者的就业、生产、福利、消费等包得过多，统得过死，特别是“大锅饭”和“铁饭碗”，严重挫伤了广大干部职工的生产积极性。三是束缚了地方的积极性。由于权力集中于中央，财政统收统支，地方没有相对独立的利益，因而缺乏组织和筹划经济发展的动力，经常是两眼向上，搞“等、靠、要”。正是由于这三个方面都缺乏积极性，整个国民经济也就失去了活力。

第三，经济调节计划化。在计划经济体制下，政府通过计划手段尤其是指令性计划来调节经济和配置资源。在宏观经济方面，有国民经济发展的五年计划和年度计划。在微观方面，有下达给企业的各种指令性计划，如工业企业有产品生产计划、劳动计划、材料供应计划、成本计划、产品分配计划、基本建设计划和财务计划等；商业企业有商品流转计划、商业网点计划、运输计划、商品流转费计划、劳动工资计划、基本建设计划、生产企业计划、财务计划、进出口贸易计划等。社会一切经济活动都按计划部门预先制定好的计划进行，计划是指引资源配置的唯一信号。但是，一个合理计划的制定，其必要前提是计划部门对社会一切经济活动如需求状况、供给状况、技术状况、资金状况、原燃材料状况、消费者心理状况等全部信息都能完全掌握。而在现实生活中，这是根本无法做到的事情，尤其是我国人口庞大，企业众多，生产和需求规模巨大，经济结构复杂，经济活动多变，计划部门无论水平多高，手段多先进，都无法及时搜集和处理散布在社会各个领域的巨量信息。在这种情况下，计划部门就只能依据所掌握的部分信息来对社会经济活动进行笼统和粗略的分析，作出指令性计划安排，这就无法克服主观随意性和盲目性。因此，计划脱离实际甚至出现重大失误就成为必然。

第四，经济组织行政化。在计划经济体制下，作为主要经济组织的企业只是行政机构的附属物。企业很像是一级政府组织，每一个企业都有一定的行政级别，如科级、县团级、厅局级、省部级企业等。这些不同行政级别的企业又分别隶属于各级政府机关，有县属企业、市属企业、省属企业、中央直属企业等。无论是哪一级政府来经营，都笼统地被称为是国营企业。企业管理人员由政府任命，都具有“国家干部”的身份，并有一定行政级别，而且企业干部与政府机关干部可以经常换位。作为准政府组织，企业的最高目标就是完成政府下达的各项计划，衡量企业及其干部职工工作实绩的主要尺度是计划完成情况，而不是利润指标。在这种情况下，企业丧失了追求利润最大化这一最本质特性，企业普遍效益低下也就很正常了。

第五，收入分配平均化。在计划经济体制下，收入分配虽然理论上是按劳分配，实际执行的是平均主义。从国有企业分配制度看，1956年以后实行了工资等级制度，但实际上它更类似一种固定工资制，整个计划经济时期，很少对工资进行调整，又排斥奖金、津贴、计件工资等报酬形式，职工收入多少与其贡献大小基本脱节。职工虽然享受企业提供的各种福利如医疗、养老、住房乃至子女入托入学等，但这些也与其劳动成果没有必然联系。这种企业分配制度压制了广大职工的生产积极性。从农村分配制度看，1962年正式确定人民公社“三级所有，队为基础”，明确生产队是基本核算单位，但是在生产队内部实行的以社员潜在劳动能力和实际工作天数为依据的“工分制”，仍然带有浓厚的平均主义色彩，导致“下地一窝蜂，干活磨洋工”现象。而包产到户、自负盈亏、自留地等分配形式往往遭到否定，严重地挫伤了广大农民的生产积极性。

总之，计划经济体制是一种资源由政府所有、政府控制、政府决策、政府分配，几乎完全排斥市场作用的体制。在这种体制下，权力高度集中于政府、单一公有制的外部性以及分配中的平均主义，严重束缚了企业和个人的积极性、主动性和创造性，是经济效率低下的根源。而政府信息不充分与计划的主观性、政府及其企业的软预算约束等，导致重工业片面发展，而关系人民生活的农业、轻工业发展滞后，国民经济出现严重失衡，导致投资扩张倾向和经济大起大落，使实际经济增长率远低于潜在增长率。实践证明，政府计划体制是一种效率低、浪费大、发展慢、人民群众得到的实惠少的配置资源方式。

第三章　改革开放以来市场作用的发挥及成效

党的十一届三中全会以来，我国坚持不懈地推进改革开放，逐步使市场在资源配置中发挥基础性作用，资源配置效率得到极大提高，国民经济持续快速发展，国家综合实力大大增强，人民生活水平明显改善，经济社会面貌发生根本改变。历史证明，以市场取向为主的改革开放是决定当代中国命运的关键抉择，是实现中华民族伟大复兴的关键一招。

第一节　从“计划调节为主”到“有计划的商品经济”

1978年12月，党的十一届三中全会胜利召开。这次全会重新确立了马克思主义实事求是的思想路线，决定把全党工作的重点转移到社会主义现代化建设上来，并提出了改革开放的任务。这次全会是新中国成立以来我国经济发展史上具有深远历史意义的伟大转折。从党的十一届三中全会到1992年党的十四大之前，市场的地位和作用在不断提升，从以计划调节为主、市场调节为辅发展为政府与市场并重的“有计划的商品经济”。

一、对政府与市场关系认识的历史性转变

党的十一届三中全会明确了要坚决按经济规律办事，重视价值规律的作用，对市场配置资源作用的认识开始发生历史性转变。1979年6月五届人大二次会议通过的《政府工作报告》明确提出“以计划调节为主，同时充分发挥市场调节的作用”，成为改革开放初期我国经济体制改革的指导思想。这一思想虽然仍然坚持政府在资源配置中的决定性作用，但与过去片面强调行政指令性计划和绝对排斥市场作用的传统观念相比，对政府与市场关系的认识还是实现了重大突破。1982年9月，党的十二大报告把这一指导思想的表述调整为“计划经济为主、市场调节为辅”。

随着经济体制改革的推开和市场调节范围不断扩大，1984年10月，党的十二届三中全会通过了《关于经济体制改革的决定》，突破原有的思想框架，提出社会主义经济是“在公有制基础上的有计划的商品经济”，“商品经济的充分发展，是社会经济发展不可逾越的阶段，是实现我国经济现代化的条件”，第一次在党的正式文件中明确社会主义经济是商品经济，实现了对市场作用认识的又一次飞跃，为进一步推进市场化改革奠定了理论基础。

1987年党的十三大提出社会主义初级阶段理论，在深刻认识国情和总结历史经验教训的基础上，对我国经济社会发展现阶段进行了科学界定，为正确回答在我国这样一个落后国家如何建设社会主义问题、进一步发挥市场配置资源的作用提供了基本依据。在此基础上，党的十三大对社会主义有计划的商品经济作了进一步的阐释，提出社

会主义有计划的商品经济体制，应该是计划与市场内在统一的体制；必须把计划工作建立在商品交换和价值规律的基础上，以指令性计划为主的直接管理方式不能适应社会主义商品经济发展的要求，应当逐步缩小指令性计划的范围；计划和市场的作用范围都是覆盖全社会的。十三大还提出“国家调节市场，市场引导企业”的新的经济运行机制。这一新机制设计，突破了以往计划和市场各分一块的框架，市场的作用得到强化。随着对政府和市场作用认识的不断深入，我国经济领域的各项改革也逐步推开。

二、改革从农村率先突破

在传统体制束缚下，我国农业基础尤其薄弱，农民生活非常贫困，改革也就首先从农村自发开始。1978年秋，安徽省部分地区旱情严重，率先恢复包产到组、包产到户等责任制形式。包产到户是在坚持基本生产资料公有和合作经济组织统筹安排的前提下，以社员户为单位向生产队承包一定生产任务的一种经营方式。农户将包产部分交给生产队统一核算，按所包工分进行分配，超产部分全部归己，减产部分由农户赔偿。这种责任制形式把劳动成果与社员的经济利益直接联系起来了，大大提高了社员的积极性，但是集体统一核算、统一分配仍占主要地位，“大锅饭”问题解决得不彻底，而且计算办法比较烦琐。1978年冬，安徽省凤阳县的农民在“包产到户”的基础上创造了“包干到户”的新形式。实行包干到户的农户，只要按合同每年向集体上交一定比例的提成，作为公积金、公益金和管理费，向国家缴纳一定的税收，并完成向国家交售农副产品的任务，向国家交售产品的收入和其余的产品均全部归承包者所有和支配。这种“交够国家的，留足集体的，剩下都是自己的”大包干形式，农户自主权更大，利益直接，责任明确，方法简便，受到了广大农民的热烈欢迎。以

“包产到户”和“包干到户”为主要形式的家庭联产承包责任制，打破了原来生产队的集体统一核算，实行生产队统一经营与各户分散经营相结合、以各户分散经营为主的双层经营制度，极大地调动了农民的生产积极性。在党和政府的大力支持下，这种家庭联产承包责任制迅速在全国各地推广开来。到1984年，全国农村实行包干到户的家庭联产承包责任制的生产队占生产队总数的96.6%。

与此同时，乡镇企业也异军突起，成为农村经济的主体力量和国民经济的重要支柱。1978年以后，农村社队企业有了较快发展。随着农村经济经营形式的改革以及经济形式的多样化，原有的人民公社体制不能适应农村新形势，1983年10月，中央和国务院决定废除人民公社，建立乡（镇）政府作为基层政权。1984年，社队企业改称乡镇企业，企业数达606万个，其中，乡村两级企业占30.7%，户办、联户办企业及组办企业占69.3%。乡镇企业总产值达到1709亿元。1985年以后，政府从经济、技术及产业政策等方面对乡镇企业的发展进行扶持与引导，大大推动了乡镇企业的发展。到1988年，全国乡镇企业数达1888万个。乡镇企业总产值达到6495亿元，比1984年增长2.8倍，年递增速度为39.6%。乡镇企业总产值占当年农村社会总产值的比重达到51.8%，占当年全社会总产值的21.8%。其中，乡镇工业总产值达4529亿元，占全国工业总产值的24.9%。乡镇企业职工人数由1984年的5208万人增至1988年的9545万人，平均每年接纳农村劳动力1084万人。1988年乡镇企业上缴国家的税金236.5亿元，在国家财政收入增量中，乡镇企业的贡献份额占50.87%。乡镇企业在振兴农村经济、转移农村剩余劳动力、增加农民收入等方面发挥了巨大作用。

三、国有企业改革的推开和多种所有制经济初步发展

国有企业改革是经济体制改革的中心环节。国有企业的改革是

从“放权让利”开始的。针对国有企业传统经营管理体制存在的统得过死的弊端，1978年10月10日，四川省在重庆钢铁公司、宁江机床厂、四川化肥厂等6个企业中进行了扩权试点，允许企业在实现年度增产增收目标后，提留少量利润，并以奖金形式发放给职工。同年底又规定，企业在完成国家计划的前提下，可以增产市场需要的产品，可以自销国家商业和物资部门不收购的产品，企业提拔中层管理干部也不需经上级主管机关批准，允许企业提取计划利润分成和增长利润分成。1979年5月，国务院在首钢等8家单位进行了扩大企业自主权的试点。7月，国务院决定进一步扩大国有企业自主权，实行利润留成，开征固定资产税，提高折旧率，改进折旧使用办法，实行流动资金全额信贷等，要求地方按照统一规定的办法选择少数企业试点。1979年底试点企业扩大到4200个，1980年又发展到6000个，约占全国预算内工业企业总数的16%，工业产值的60%，利润的70%。1984年5月，国务院颁发了《关于进一步扩大国营企业自主权的暂行规定》，扩大企业10项自主权，包括生产经营计划权、产品销售权、产品价格权、物资选购权、奖金使用权和联合经营权等。扩权让利的企业改革实际上是在旧的体制框架中对政府和企业的关系作局部的调整，虽然这种调整还是表面的，但已经触及到了政企不分这一旧的国有企业制度的根本弊端，并试图通过重新调整政府和企业在生产经营过程中的权力结构来解决政企不分的问题。

1983年4月，国有企业实行利改税，主要内容是：凡有盈利的国有大中型企业，根据实现的利润按55%的税率缴纳所得税，税后利润一部分上缴国家，一部分按国家核定的留利水平留给企业。1984年10月，国有企业又进行了第二步利改税，改变税利并存状况，实现完全的以税代利，企业缴纳所得税之后再区别不同情况征收调节税。

1987年开始，根据所有权与经营权分开的原则，在国有企业中全面实行多种形式的承包责任制。承包制的基本原则是："包死基数，确保上缴，超缴分成，歉收自补。"承包的形式主要有"两包一挂"（包上缴利润，包技术改造项目，工资总额同上缴利税挂钩）、上缴利润递增包干、上缴利润基数包干、亏损包干、行业投入产出总包干等。到1987年底，全国预算内国有企业已有78%实行了承包制，大中型企业达到了80%。承包制与放权让利改革相比，政府对企业的随机干预有所减少，企业的多项自主权得到进一步落实，经营积极性明显提高，利润动机增强，对市场需求变化的敏感度也有相应的提高，职工工资与上缴利税挂钩，激发了职工的劳动积极性。但是承包制的弊端也不少。在承包制下，政府和企业之间依然存在着行政依附关系，在投资、资产处置、收益分配、干部任免等重大问题上，企业仍然要服从于政府的行政支配。在企业的具体经营中，发包方的无约束和承包方的负盈不负亏、企业短期行为和预算软约束等现象普遍存在。除承包制外，国有企业还进行了股份制、租赁制、资产经营责任制等形式的改革探索，到1991年底全国有各类股份制试点企业3220家。

在国有企业改革的同时，非公有经济也迅速发展起来，公有制为主体、多种所有制并存的格局初步形成。1981年10月，中央和国务院为解决因知青大量返城造成的城镇就业压力，作出《关于广开就业门路、搞活经济、解决城镇就业问题的若干决定》，要求调整所有制结构，在社会主义公有制经济占优势的前提下，实行多种经济形式和多种经营方式并存。随后，国务院先后发布了发展城镇集体经济和个体经济的若干政策规定，城镇集体经济和个体经济迅速发展起来。1978—1982年，城镇集体企业安置就业人员增加1237万人，个体劳动者从5万人增加到147万人。

1987年党的十三大提出了"在公有制为主体的前提下继续发展多种所有制经济"的方针。1988年七届人大一次会议审议通过的宪法修正案规定："国家允许私营经济在法律规定的范围内存在和发展。私营经济是社会主义公有制经济的补充。国家保护私营经济的合法的权利和利益，对私营经济实行引导、监督和管理"，第一次在宪法中给予私营经济以合法地位，极大地促进了个体私营经济的发展。1978—1988年，在工业总产值中，全民所有制占的比重由77.6%下降为56.3%，集体经济由不足22.4%上升为33.7%，个体经济和其他经济成分由几乎为零发展到9.5%。在社会商品零售总额中，全民所有制商业由54.6%下降为39.4%，集体商业由42.2%下降为34.4%，个体私营商业比重则大幅上升。1988年全国城乡个体工商业从业人员已达到1100万人，比改革前增加了100多倍。1989—1991年，在全国进入治理整顿的情况下，个体私营经济的发展受到影响，每年私营企业的数目增长均未超过10%，增长较为缓慢，甚至处于停滞不前的状态。1991年底个体工商户和从业人数分别为1416万户和2258万人，比1988年减少36万户和47万人。1989年6月底，登记注册的私营企业数为9.06万户，1990年6月底下降为8.8万户，1991年底又回升至10.8万户。

四、宏观经济体制改革的启动

宏观管理权高度集中是传统计划经济体制的主要特点，也是传统体制资源配置效率低下的重要根源。因此经济体制改革启动后，宏观经济体制改革成为改革的重点。

首先，实行价格体制改革，放开农副产品和日用消费品价格，生产资料价格实行"双轨制"。发挥价格机制配置资源的作用是宏观经济体制改革的中心环节。从1979年开始，政府大幅度提高农副产品价格及部分日用品、原材料价格，初步调整了不合理的价格结构。同时，对价格形成机制进行改革。1982年，放开160种（类）小商品价格，1983年，再放开350种（类）小商品价格，1984年，全部小商品价格均实行市场调节。从1985年起，取消粮油统购价格，实行合同定购制度，除粮食、食用植物油的合同定购部分及棉花、烤烟、糖料等少数几种重要农产品的收购价格仍由国家制定外，绝大部分农产品价格放开由市场调节。工业消费品方面，放开了缝纫机、国产手表、收音机、电风扇等5种产品价格。1986年又放开了电冰箱、自行车等7种产品价格。生产资料的市场定价范围也进一步扩大。1984年对生产资料计划外部分实行加价20%后允许企业销售的办法。1985年1月，取消加价20%的限制，允许企业按市场价格销售计划外生产资料。至此，生产资料的价格双轨制正式形成。到1987年，政府定价的农产品只占30%，工业消费品只占40%。在社会商品零售总额中，政府定价、政府指导价和市场价分别约占50%、20%和30%。1988年5月，中央决定加快价格改革步伐。到7月底，政府相继出台的价格改革项目包括：提高粮食、油料、蚕茧、黄红麻、甜菜、茶叶等农副产品收购价格和煤、电、油等能源价格；放开猪肉、白糖、大路菜和鲜蛋四种主要副食品价格，试行暗补改为明补；向上浮动彩电价格，扩大棉纺织品上浮价格，放开和调整部分烟酒价格；下放部分工业产品价格的管理权限等。由于年初对紧缩的放松，再加上价格改革措施的集中出台，物价出现加速上涨趋势，人们对通货膨胀的预期大大增强，引发了全国性的兑款抢购风潮，价格改革闯关被迫搁浅。

其次，启动流通体制改革，初步形成“三多一少”的流通新体制。在消费品流通体制方面，1979年以后，逐渐打破以往商品在城市由国营商业经营、在农村由供销社经营的城乡分割体制，实行国营商业可以下乡、供销社和农民可以进城设点的城乡开放新体制；打破行政区域和所有制的界限，实行灵活多样的购销方式，包括计划收购、订购、选购、代销、自销、集体或个体单位长途运销等。1984年为改变多环节的批发商业体制，将原属商业部和省的一、二级批发站下放给中心城市。除国营商业和供销社仍是商业的主体外，还发展起贸易中心、贸易货栈、批发市场、农贸市场、联营商店、农工商联合企业等新的形式。通过改革，逐步形成多种所有制形式、多种经营方式、多条流通渠道和流转环节较少的“三多一少”新流通体制，城乡市场呈现繁荣活跃的局面。到1987年，全国已有各种类型的工业品贸易中心2200多个，批发交易市场1300个，城乡农贸市场6.97万个，社会商业网点从1978年的128万个增加到1099万个。1987年城乡农贸市场的成交额达到1158亿元，相当于社会商品零售总额的18.9%。在生产资料流通体制方面，允许国家计划外的物资进入市场交换，计划内的物资也可以通过计划内外物资同一销价、价差返还的办法进入市场，从而大大增强了市场机制的作用，各种类型、规模和形式的生产资料市场在各地出现。从1979年第一家生产资料交易所在上海成立，到1987年底，全国已有地市级以上的物资贸易中心395个，其中，综合性贸易中心241个，专业贸易中心155个。专业贸易市场中金属材料市场62个，机电市场26个，木材建材市场36个，化工轻工材料市场21个，汽车市场10个。此外，全国城乡各种物资商业网点已从1978年的2万个发展到1987年的3.67万个，其中既有大型物资商场又有小型物资商店。物资流通渠道也从物资部门独家垄断向多渠道流通的方向发展。

第三，推进财政体制改革，实行划分税种、核定收支和分级包干的财政管理体制。针对传统财政体制存在的中央集中过多、管得过死的弊病，1980年2月国务院对中央与地方之间财政分配关系进行全面改革，实行“划分收支、分级包干”的财政管理体制，主要是按隶属关系划分中央财政与地方财政收支范围。中央所属企业的收入、关税和中央其他收入划作中央固定收入；地方所属企业收入、盐税、农牧业税、工商所得税和零星税种划归地方政府；上划给中央直接管理的企业，其收入由中央与地方“八二”分成；工商税收作为中央、地方调剂收入，并确定地方的财政收支基数和上解补助额。1985年起，又将“划分收支、分级包干”改为“划分税种、核定收支、分级包干”，中央和地方收入按税种划分为三类，即中央财政固定收入、地方财政固定收入和中央地方共享收入。收入基数根据1983年决算数，按照新体制的收入划分办法，并考虑第二步利改税后中央、地方利税转移情况计算核定；支出基数按照1983年地方既得财力核定。这次改革以划分税种作为划分各级财政收入的依据，开始改变过去按企业、事业的行政隶属关系划分收入的做法，为后来的分税制改革积累了经验。

第四，启动投资体制改革，实行“拨改贷”，扩大地方和企业投资权限。从1981年起，在部分行业和地区中推行基本建设拨款改为贷款的办法，即“拨改贷”。1982年以后进一步扩大“拨改贷”范围。到1985年，政府预算内投资中“拨改贷”所占比重达到95.3%。同时，放松对资本流动的限制。1980年，国内先后出现了第一家投资公司和第一家租赁公司。1981年，政府重新恢复国库券的发行，建设银行也开始代理发行企业债券。1982年，国家计委等单位颁发《关于试行国内合资建设暂行办法》，直接融资开始在我国投资领域发挥作用。党的十三大以后，投资体制改革继续向前推进，主要是对重大的、长期的建设投资实行分层次管理，面向全国的重点建设工程由中央或中央为主承担，区域性的重点工程和一般性的建设工程由地方承担；扩大地区、部门、企业固定资产投资计划权限；成立投资公司；在建设项目中实行招标投标制等。

第五，启动金融体制改革，建立健全金融组织体系，改革信贷资金管理体制。1979年3月中国农业银行、中国银行相继恢复成立；中国人民建设银行被批准为国务院直属单位。1983年9月，国务院规定，“中国人民银行是领导和管理全国金融事业的国家机关”，应

“集中力量研究和做好全国金融的宏观决策，加强信贷资金管理，保持货币稳定”，从职能上对中国人民银行的中央银行职能进行了明确定位，原人民银行办理的企业和个人资金往来业务，由新建的工商银行承担。同时，改革信贷资金管理体制。为调动基层银行组织存款用好贷款的积极性，1980年起，我国把“统存统贷”改为“存贷差额”控制的办法，主要内容是：总行对基层银行中存贷款总额指标管理改为存贷款差额指标管理，不再约束基层银行的信贷总额，只控制存贷款差额，各级银行在完成存差计划或不突破贷差计划的前提下，多存可以多贷。此外，还建立起初级资金市场，各种商业票据、有价证券纷纷出现，各城市银行系统普遍开展了同业拆借活动。1987年，通过拆借融通资金达1700多亿元，初步改变了资金纵向分配、条块分割的局面，开始建立起纵横交错的资金融通网络。一些地区和企业还通过金融机构有计划有控制地发行债券、股票，为进一步建立长期资金市场，搞活资金流通创造了条件。

第六，实行劳动就业制度改革，允许自谋职业和农村剩余劳动力转移。1980年8月，为解决因“文化大革命”积累的就业矛盾和数百万下乡知青回城形成的就业高峰，中央召开了全国劳动就业会议，提出了“在国家统筹规划和指导下，实行劳动部门介绍就业、自愿组织起来就业和自谋职业相结合”的“三结合”就业方针，允许劳动者自愿组织起来就业和自谋职业，打破了过去就业主要靠国家统包统配模式，使就业格局发生了根本性变化。1986年7月，国务院正式颁布实施了国营企业实行劳动合同制、招用工人、辞退违纪职工的暂行规定，明确了劳动合同制度中企业和劳动者双方的权利和义务，废除了企业内部招工和实行退休职工子女顶替制度，允许企业辞退违反劳动纪律的职工。农村推行家庭联产承包责任制后，农业生产率大幅提高，农村劳动力剩余问题也凸显出来。1984年1月，中央放宽了劳动力流动的限制，允许农民自带口粮到小城镇务工、经商、办服务业。80年代农村劳动力就业的政策主要还是鼓励“就地转移”，通过农业多种经营和发展乡镇企业吸纳富余劳动力。到1988年，乡镇企业从业人数达9495万。1989年春节前后出现农村劳动力大规模跨区域流动的“民工潮”，仅广东省每天都有几万至十几万外省劳动力涌入。这些进入城市工作但户籍仍在农村的劳动者被称为“农民工”。据调查，1989年农民工由改革开放初期的一二百万人迅速增加到3000万人。农村剩余劳动力进城务工，为二、三产业的发展提供了大量廉价劳动力，是我国经济实现持续繁荣并成为“世界工厂”的重要基础。

五、对外开放政策的实施

十一届三中全会以后，我国在大力实行对内改革的同时，也在积极实施对外开放政策，不断扩大对外开放的广度和深度，使我国经济逐步融入到国际市场体系中，对于解决我国经济发展中急需的资金、技术、管理、市场等问题，实现经济的跨越式发展起了重要作用。

首先，改革外贸体制，扩大地方和部门外贸权限。1979年起，开始着手改革政府统制的外贸管理体制，主要是在坚持统一计划、统一政策、统一对外的前提下，扩大了地方和部门的对外贸易经营权。从1980年起，先后允许广东、福建、北京、天津和上海等沿海省市经营由外贸总公司统一成交商品以外的对外贸易业务，把部分商品分散到有关主管部门新成立的进出口公司经营，使对外贸易开辟了多条渠道，初步改变了原来统进统出的局面。另外还进行了工贸结合试点，探索扩大出口的经验。这些改革对调动各方面积极性、促进对外贸易的发展起了很大作用。

其次，改善招商引资环境，多种形式利用外资。1979年以后，我国采取多项重大措施为利用外资创造条件。1982年，我国先后与联邦德国、日本、瑞典、加拿大、瑞士等国签订了有关保护投资安全的协定；1980年4月和5月相继恢复了我国在国际货币基金组织、世界银行、国际开发协会和国际金融公司的合法代表权，大大拓宽了我国利用外资的来源。同时，我国相继颁布了《中外合资经营企业法》《中外合资经营企业所得税法》《个人所得税法》《外国企业所得税法》《对外合作开采海洋石油资源条例》等法律条例，为吸收国外贷款和吸收国外直接投资提供了明确的法律依据。到1988年底，全国已投产运营的“三资”企业约有7000家，当年出口创汇24.6亿美元。改革开放初期，间接投资一直是我国利用外资的主要形式。1979—1983年，我国实际利用外资146亿美元，其中对外借款119亿美元，而外商直接投资只有27亿美元。到1991年，对外借款仍占当年吸收外资近60%。直到1992年，外商直接投资才首次超过对外借款。多种形式利用外资，加快了引进外资的步伐，补充了我国建设资金的不足，促进了资源的开发利用，推动了部分企业的技术改造，有力地促进了国民经济发展。

再次，设立经济特区，建立对外经济关系的窗口和龙头。1979年4月中央工作会议决定，在深圳、珠海、汕头和厦门划出一定的地区作为华侨和港澳商人的投资场所。两个月后，中央和国务院又决定对广东、福建两省的对外经济活动给予更多的自主权，同时决定在深圳、珠海划出部分地区试办出口特区。1980年将“出口特区”改名为“经济特区”，实行特殊的经济政策和管理体制。8月五届全国人大常委会第十五次会议批准在广东省深圳、珠海、汕头三市分别划出一定区域，设置经济特区。10月国务院又批准试办厦门经济特区。特区是我国发展对外经济关系的一个重要窗口，可以更好地吸引国外的资金和技术，扩展对外贸易。1984年国务院决定进一步开放沿海14个城市和海南岛。1988年4月，七届全国人大一次会议同意设立海南省和建立海南经济特区。1990年4月中央和国务院同意上海市加快浦东地区的开发，在浦东实行经济技术开发区和某些经济特区的政策。浦东开发开放的特点是综合力量强，辐射面宽；吸收外资规模大，效益好；高新技术先进，层次高；在国内外影响大。开发开放决策实施后，浦东迅速成为长江流域乃至全国改革开放的龙头。

六、80年代的经济发展

1979—1991年，随着改革开放的实行，国民经济总体呈现快速发展态势。但由于改革处于起步阶段，传统体制的惯性作用仍然存在，这一时期的经济在波动中前行。

改革开放伊始，面对“文革”和“洋跃进”造成的国民经济比例严重失调问题，党的十一届三中全会确定了对国民经济进行调整的方针政策。1979—1982年，国民经济调整分两阶段进行。1979年开始第一阶段国民经济调整，主要是调整农轻重、积累与消费的比例关系。政府在提高农副产品的收购价格的同时，大幅对农业基本建设投资，加强对农业的支援。对轻纺工业实行能源原材料供应优先、挖潜革新改造措施优先、银行贷款优先、基本建设优先、利用外资和引进技术优先、交通运输优先等“六个优先”的原则，加大支持力度。同时停建缓建了500多个计划外项目，但与人民生活直接相关的轻工业投资以及住宅、城市公用事业、文教卫生事业等的投资明显增加。1981年开始第二阶段调整，主要是压缩基本建设规模。对占全国在建规模45%的22个进口大项目进行了排队和压缩，对其他建设项目，凡不具备建设条件的，或是长线产品或同现有企业争原料、燃料动力的，也都坚决停下来。1981年基本建设投资总规模比1980年压缩约20.7%，年末在建的大中型项目663个，比1980年减少241个。但与人民生活密切相关的轻工业比重继续上升。经过对国民经济的两次调整，经济增长速度虽然下来了，经济结构却趋于合理。1978年经济增长率为11.7%，1979年、1980年、1981年分别降至7.6%、7.8%、5.2%。但是，农轻重结构明显改善。1978—1982年工农业总产值中，农业比重由24.8%上升到29.9%，轻工业比重由32.4%上升到35.2%，长期以来消费品供应短缺局面得到改善。人民生活水平显著提高，1978—1982年农民年平均纯收入实际增长79.2%，城镇职工家庭平均生活费收入增长56.6%。

调整和改革为经济快速发展打下了坚实基础。1983—1988年我国国民经济进入一个前所未有的繁荣期。1983、1984、1985年经济增长率分别为10.9%、15.2%、13.5%。1986年在政府宏观调控下经济增长率有所回落，为8.8%，1987、1988年又恢复高速增长，经济增长率分别为11.6%、11.3%。但是，随着经济的快速发展，1984年以后又开始出现一些经济过热现象，集中表现为消费和投资双膨胀，导致社会总需求超过社会总供给，能源、原材料供应和交通运输日趋紧张，消费品供应也趋紧张，部分商品价格上涨过快。政府试图采取措施来解决这些问题，但效果一直不理想。到1988年，宏观经济环境明显恶化，社会总供给和总需求的矛盾进一步扩大，加之价格改革闯关受挫，通货膨胀问题十分突出。1985--1987年，全国城乡零售物价综合指数分别为8.8%、6%和7.3%，1988年猛增到18.5%。1988年3月、5月和8月，曾三次出现群众排队抢购商品和到银行挤兑存款的现象，影响了社会稳定和群众对改革的信心。

1988年9月，党的十三届三中全会确定，此后两年或者更长一段时期要把我国改革和建设的重点放在治理和整顿上来。治理的重点是通货膨胀，主要从压缩社会需求和增加社会供给两方面入手。一是进一步压缩固定资产投资规模，控制投资需求。国务院决定1989年的全社会固定资产投资规模要比1988年压缩920亿元，减少21%。为此，大力清理在建项目，停建一批楼堂馆所等非生产性项目和重复建设项目，停建和缓建一批生产性项目，加强对银行投资贷款的管理，严格控制新开工项目。二是坚决压缩消费需求的过快增长。重点是压缩和控制社会集团消费；严格控制工资增长；正确引导居民消费，鼓励城乡居民增加储蓄。三是实行紧缩的财政政策和金融政策。进一步压缩财政支出和行政经费，尽量缩小财政赤字；同时抽紧银根，严格控制货币发行，加强对银行贷款和社会集资的管理和监督。四是千方百计增加社会有效供给。特别是增加粮棉油等农副产品的生产，增加日用工业品、轻纺产品、出口产品以及能源、原材料和交通运输产品等。到1990年，经济整理整顿取得显著效果。农业快速增长，粮食总产量创历史最高水平。能源、主要原材料、交通运输和邮电通信等保持平稳增长，社会总供给和总需求矛盾明显缓解。通货膨胀得到有效控制，1990年全年零售物价总水平只比1989年上涨2.1%。但是经济增长率也明显放缓。1989年、1990年经济增长率分别只有4.1%和3.8%，为改革开放以来最低水平。

20世纪80年代，我国的经济发展虽然出现较大波动，但是由于市场在配置资源中发挥越来越重要的作用，政府对经济的干预也越来越采取间接方式，资源配置效率明显提高，经济发展还是取得了巨大成就。一是经济实现较快发展。1979—1991年国民生产总值年平均增长速度为9%，比计划经济时期的6.1%的增长速度高出2.9个百分点。其中“六五”时期国民生产总值年均增长10.7%，“七五”时期年均增长7.5%。主要工农业产品产量也有较大增长。1980年我国主要工农业产品产量位居世界第一的只有谷物和棉布，到1990年，猪牛羊肉、棉花、油菜籽、煤炭、电视机等产量也跃居世界首位。二是经济结构进一步优化。农业和轻工业迅速发展，农轻重比例趋于协调。1979—

1991年轻工业在工业中的比重上升了8个百分点，国内消费品市场大大丰富。第三产业的落后状况也在逐步改变，第三产业占国民生产总值的比重由1979年的21.6%上升到1991年的33.7%。三是经济效率和活力明显增强。农村家庭联产承包经营责任制的普遍推行，极大地调动了农民的生产积极性，推动了农业快速发展。国有企业逐渐成为自主经营、自负盈亏的相对独立经济实体，企业活力明显增强。非公有制经济快速发展，社会主义初级阶段的基本经济制度初步形成。计划经济与市场调节相结合的新经济体制逐步建立，价格机制在经济调节中的作用日益提升，资源配置效率大为提高。四是国民经济的技术水平有了较大进步。80年代我国共取得科技成果七万多项，科技成果的商品化加快。共引进国外技术一万多项，缩短了与发达国家的差距。“亚洲一号”通信卫星和“长征二号”大推力捆绑式火箭发射成功，五兆瓦低温核供热试验堆建成并投入正常运行，大秦万吨级组合列车运行试验成功，标志着我国又一批科学技术成果达到国际先进水平。五是城乡人民的生活水平明显提高。1979—1991年城镇居民人均可支配收入由405元增长到1700元，按可比价格计算增长84%，农村居民人均纯收入由160元按可比价格计算增长166%，人民的温饱问题基本得到解决。

第二节　社会主义市场经济体制初步建立

1992年党的十四大提出建立社会主义市场经济体制目标后，改革开放进入一个新的阶段。市场在资源配置中逐渐发挥基础性作用。国有企业建立现代企业制度全面推行，非公有制经济快速发展，市场体系不断发育，对外开放进一步扩大，宏观管理体制进一步完善，新型社会保障体系逐步建立。经过20世纪90年代的改革，社会主义市场经济体制初步建立起来。

一、社会主义市场经济体制目标的确立

经过20世纪80年代的改革，市场在资源配置中的作用不断增强。但是，1988年价格改革闯关受挫，1989年国内发生政治风波，随后国际上又发生东欧剧变苏联解体，在这种形势下，80年代末社会上出现了一股否定改革的思潮。一些人把当时国际国内发生的问题归咎于“市场取向”的改革，把计划与市场问题同社会制度直接联系起来，认为是姓“社”姓“资”的问题，提出社会主义经济只能是计划经济，搞市场经济就是实行资本主义，要在经济领域反对和平演变。这一思潮严重影响了改革的进程。

1992年初，邓小平先后视察了武昌、深圳、珠海、上海等地，发表了重要谈话，回答了长期以来困扰和束缚人们思想的一些重大问题。邓小平指出，革命是解放生产力，改革也是解放生产力。社会主义本质就是解放生产力，发展生产力，消灭剥削，消除两极分化，最终达到共同富裕。计划多一点还是市场多一点，不是社会主义与资本主义的本质区别。计划经济不等于社会主义，资本主义也有计划；市场经济不等于资本主义，社会主义也有市场。计划和市场都是手段。邓小平还提出衡量改革效果的三条标准：是否有利于社会主义生产力的发展，是否有利于社会主义综合国力的增强，是否有利于人民生活的改善。在坚持“三个有利于”标准的前提下，改革要大胆地进行试验。

根据邓小平南方谈话的精神，1992年10月召开的党的十四大，确定了我国经济体制改革的目标是建立社会主义市场经济体制，并指出：“社会主义市场经济体制，就是要使市场在社会主义国家宏观调控下对资源配置起基础性作用”，这是对政府与市场关系认识的历史

性飞跃，标志着我国改革开放进入一个新的历史阶段。1993年11月，党的十四届三中全会通过了《关于社会主义市场经济体制若干问题的决定》，对党的十四大所提出的建立社会主义市场经济体制的改革目标作了进一步的细化，提出一系列具体措施，包括以公有制为主体、多种经济成分共同发展；进一步转换国有企业经营机制，建立产权清晰、权责明确、政企分开、管理科学的现代企业制度；建立全国统一开放的市场体系，形成合理的价格机制和管理体制，实现国内市场与国际市场相互衔接；转变政府经济职能，建立以间接手段为主的完善的宏观调控体系；建立以按劳分配为主体，多种分配方式并存，效率优先、兼顾公平的收入分配制度；建立多层次的社会保障制度等。

二、国有企业建立现代企业制度与非公有制经济的发展

党的十四届三中全会确定国有企业建立现代企业制度的改革方向后，国有大中型企业开始进行公司化改造。从1994年起，国务院选择100家左右国有大中型企业进行建立现代企业制度的试点，探索建立现代企业制度的有效途径。到1996年底，试点企业中，有17家由直接工厂改制为多元股东持股的股份有限公司或有限责任公司，有79家改制为国有独资公司。试点企业还建立起了以产权为纽带的母子公司体制，共设立全资子公司721个、控股子公司411个、参股公司570个。改制后二级子公司投资主体多元化的比例已达到75.77%。除了中央政府抓的企业试点外，各地方也选择了2343家企业进行试点。同时，非试点企业的公司化改造也在逐步展开。到1997年底，国有企业改造为股份公司的已有上万家，其中在上海、深圳两个证交所上市的公司745家。在国家512户重点企业中，已经挂牌上市的占36%。经过改革，国有企业建立起相对规范的产权制度和组织管理制度，企业效率有所提高。不过也存在一些明显问题，如国有独资公司的数量偏

多，股份公司中国有股和法人股的比重过大，公司化改造中有重融资轻转制倾向等。

企业改制后，部分国有企业生产经营仍然比较困难，1995年9月，党的十四届五中全会突破了以前那种试图搞活每一个国有企业的思想，提出“抓大放小”的改革新思路，具体地说，就是要着眼于搞好整个国有经济，通过存量资产的流动和重组，对国有企业实施战略性改组，以市场和产业政策为导向，搞好大的，放活小的；重点抓好一批大型企业和企业集团，以资本为纽带，联结和带动一批企业的改组和发展，形成规模经济；区别不同情况，采取改组、联合、兼并、股份合作制、租赁、承包经营和出售等形式，加快国有小企业改革改组步伐。按照这一思路，国有大型企业和国有小型企业沿着两个方向继续深化改革。国有大型企业加大了组建企业集团试点和跨国经营的力度。1997年企业集团试点总数达120家。国有小型企业则通过股份制、股份合作制、兼并、合并和出售等各种形式放开搞活。

1997年9月，党的十五大提出，国有经济起主导作用，主要体现在控制力上。只要坚持公有制为主体，国家控制国民经济命脉，国有经济的控制力和竞争力得到增强，在这个前提下，国有经济比重减少一些，不会影响我国的社会主义性质。并针对国有经济分布过宽、整体素质不高、资源配置不尽合理问题，提出要从战略上调整国有经济布局。1999年9月，党的十五届四中全会通过《关于国有企业改革和发展若干重大问题的决定》，进一步提出坚持“有进有退，有所为有所不为”的方针，从战略上调整国有经济布局。并明确国有经济需要控制的行业和领域，主要包括：涉及国家安全的行业，自然垄断的行业，提供重要公共产品和服务的行业，以及支柱产业和高新技术产业中的重要骨干企业。其他行业和领域，可以通过资产重组和结构调整，集中力量，加强重点，提高国有经济的整体素质。同时还提出要积极探索公有制的多种有效实现形式，发展混合所有制经济。此后，国有企业的改革攻坚从多方面、向深层次展开。到2000年，国有企业经济效益明显好转，国有和国有控股工业企业实现利润达到2392亿元，为1997年的2.9倍；国有大中型企业亏损企业数减少70%以上；国有小企业实现利润48.1亿元，结束了连续六年净亏损的局面。

党的十四大明确了“多种经济成分长期共同发展”的方针，非公有制经济进入快速发展轨道。1993年，私营企业迅速地超过1988年的水平，达23.7万家，1994年又增至43.2万家。到1997年年底，非公经济在全国工业总产值中的比重上升到了36%，接近1992年的2.6倍，年均增幅达21%，成为推动我国经济迅速发展的重要力量。1997年党的十五大第一次把非公经济纳入我国基本经济制度中。1999年3月，九届全国人大二次会议通过《宪法修正案》，明确了“在法律规定范围内的个体经济、私营经济等非公有制经济，是社会主义市场经济的重要组成部分”，个体私营经济的法律地位大大提升，发展速度进一步加快。到2002年底，全国个体工商户达2377万户，从业人员4743万人，分别比1992年增长59%和92%。私营经济发展尤其迅速，2002年达243万户，从业人员3409万人，分别比1992年增长16.5倍和13.7倍，年均增长33%和31%。非公有制经济在国民经济中的比重进一步上升。1992—2001年全国工业总产值中，个体和私营工业产值所占比重由5.8%上升到17.2%，包括外商投资企业在内的其他非公企业工业产值所占比重由7.6%升至29.5%。非公有制经济缴纳的税收也是政府税收的主要增长点。1998—2001年，国有经济缴纳的税收年增长率由4.1%降至-0.6%，而民营经济缴纳的税收年增长率由13.4%上升至22.1%，其中私营经济由52.9%上升至57.5%。非公有制经济发展还带动了一批新兴产业特别是高新技术产业。1992—2001年，民营科技企业实现技工贸总收入和上缴税金以年均30%多的速度增长，到2001

年，全国民营科技企业已发展到10万户，技工贸总收入18470亿元，分别比1992年增长了3倍和61.2倍。

三、市场体系的发育与对外开放的扩大

1992年以后，随着经济改革的推进和经济快速发展，我国市场体系逐步形成并走向成熟。消费品市场发展迅速。1993年以后农产品和日用工业品价格全面放开，极大地激发了市场活力。2001年全国社会消费品零售总额达37595亿元，比1992年增长176%。辐射全国的批发市场、城乡集贸市场和乡村市场迅速发展，初步形成了布局合理、各类市场比较齐全的市场体系。多种经营形式迅速发展，连锁经营、代理制、配送制、公司加农户等新型流通方式相继涌现，超市、便利店、专卖店、仓储式商场、购物中心等多种业态迅速发展。1996年全国连锁店企业已发展到650多家公司、9000多家店铺。通过资产扩大、兼并、联合等形式和途径，一些新型流通企业集团迅速形成和发展。集体和个体商业快速发展，打破了国营商业独揽经营的格局，2001年全国限额以上批发零售贸易和餐饮业单位中，国有企业占比不足50%，形成了多元化、开放式、竞争型的商品流通体制。

生产要素市场也快速发展。在生产资料市场方面，在1988年取消中央专业部门分配和管理物资职能基础上，1992年以后，又取消11种物资的指令性分配计划。1995年推行生产资料代理制。各类生产资料批发市场快速发展，1996年全国有专营生产资料的批发市场51个。在金融市场方面，1991年底，全国除西藏外，各省相继建立了同业拆借中心。1996年建立起全国统一银行间同业拆借市场。票据市场、大额可转让定期存单市场和国债回购市场也稳步发展。1990年和1991年上海证券交易所和深圳证券交易所成立，我国统一的证券市场初步形成。1992年以后，股票市场飞速发展，上市公司数量由1992年的53家

发展到2001年的1154家。在劳动力市场方面，城镇国有企业劳动合同制迅速推开，1997年底，全国城镇企业实行劳动合同制的职工10787万人，占同口径职工总数的98.1%。进入90年代以后，随着经济的持续快速发展，农民进城务工人数激增，1996年全国流动就业的农民工数量约6000万人。在房地产市场方面，1991年10月全国房改工作会议后，城镇住房制度改革大面积推开，极大地促进了房地产市场的发展。但同时也出现了1992年的“开发区热”和“房地产热”。1993年起，政府大力规范和整顿，使房地产市场进入平稳发展轨道。1998年7月，政府停止住房实物分配，开始实行住房分配货币化，为房地产市场发展注入强大动力。此后，房地产业逐渐成为国民经济的支柱产业和拉动经济增长的火车头。

对外开放进一步扩大。1992年6月，中央和国务院决定开放重庆、岳阳、武汉、九江、芜湖5个沿长江城市，不久又开放了太原、合肥等17个内陆省会城市。同时还逐步开放内陆边境的延边城市，开放地带逐步向中西部和内陆延伸，形成全方位对外开放的新格局。对外开放的产业也不断增多，在鼓励外商投资基础设施和基础产业的同时，允许外商进入服务业领域，开办合资零售和批发商业企业、中外合资银行和保险公司。随着对外开放领域的扩大，利用外资的步伐大大加快。1992年当年新批合同外资金额超过前13年的总和，1993年实际吸收外资又比1992年增长1.5倍。1996—2000年，我国实际吸收外资保持在年均400亿美元以上的规模，有力地推动了我国出口的增长和产业结构升级。在引进外资的同时，还积极实施“走出去”战略，对外承包工程和对外劳务合作业务大幅增长，合作地域遍及180多个国家和地区，合作领域涉及各个行业。2001年，我国对外经济合作业务完成营业额121亿美元，比1989年增长6.2倍。其中对外承包工程、对外劳务合作完成营业额，分别为68亿美元和29亿美元，分别比1989

年增长3.6倍和13.2倍。我国在海外新设境外企业312家，协议投资总额9.7亿美元。

四、宏观经济体制改革的深化

党的十四大以后，我国在财税、金融、外贸、投资、价格等宏观领域推出了一批重大改革措施，宏观经济体制改革迈出了重要步伐。

首先，深化财税体制改革，实行分税制。1993年12月，国务院发布《关于实行分税制财政管理体制的决定》，决定从1994年1月1日起，改革现行地方财政包干体制，对各省、自治区、直辖市以及计划单列市实行分税制。一是划分中央与地方政府的事权，据此合理确定各级财政的支出范围。二是划分中央政府和地方政府的税收收入，将税种统一划分为中央税、地方税和中央地方共享税，并建立中央税收和地方税收体系，分设中央与地方两套税务机构分别征管。三是核定地方收支数额，实行中央财政对地方的税收返还和转移支付制度。四是调整税制结构，适当简并税种。建立以增值税为主体的间接税制度，实行价外税，归并了增值税税率。统一内资企业所得税，调整合并个人所得税。改进预算编制办法，硬化预算约束。分税制改革在一定程度上为各级政府财权与事权的统一提供了制度保证，适当提高了中央财政收入的比重，增强了中央宏观调控的实力。

其次，深化金融体制改革，健全中央银行职能，实行政策性金融业务与一般性金融业务相分离。1993年12月，国务院颁布《关于金融体制改革的决定》，强化中国人民银行对货币的集中管理、对金融机构的严格监督、保证金融体系安全有效地运行的中央银行职能。组建货币政策委员会，及时调整货币和信贷政策。1994年国家开发银行、中国进出口信贷银行和中国农业发展银行相继组建，主要从事政策性金融业务。原来由专业银行承担的政策性金融业务转移给政策性银行，各专业银行则按现代商业银行经营机制运行，1995年《中华人民共和国商业银行法》颁布实施，明确了国有专业银行的企业法人地位。此外，对银行、证券、保险业实行分业经营和分业管理，地方证券机构由中国证监会垂直管理，成立中国保监会，专门行使对保险业的监管职能。

第三，深化外贸体制改革，实施汇率并轨。从1994年1月1日起，实行普遍的银行结汇售汇制，消除外汇双重汇率，人民币牌价与外汇调剂市场价并轨，建立以市场供求为基础的、单一的、有管理的浮动汇制。1996年12月1日，人民币实现了经常项目下的可兑换制。汇率并轨为进一步沟通国内外市场、改善我国对外经济环境、进一步吸引外资创造了有利条件。同时，加快外贸体制与国际的接轨。落实外贸企业经营自主权，逐步使具备条件的大中型企业、科技企业和流通企业享有外贸经营权。进一步降低关税。取消对进口商品分三类管理的办法，实行目录管理。减少配额、许可证管理的商品数量，规范进口配额商品管理办法。结合国际惯例进一步完善对外贸易法律法规，积极推行国际质量认证标准，为加入世界贸易组织做好准备。

第四，深化投资融资体制改革，引入市场机制，强化风险约束。改革投融资方式，将投资项目划分为竞争性、基础性和公益性三类，明确中央政府、地方政府和企业的投资范围、投资方式和融资渠道，更多地引入市场竞争机制。强化投资风险约束机制。实行法人投资责任制。实行建设项目资本金制度，投资项目必须先落实资本金后才能建设。明确企业的投融资主体地位，积极发展资本市场，扩大直接投融资渠道，培育和发展为投融资主体服务的中介服务体系。

第五，深化价格体系改革，继续放开消费品价格，实行生产资料价格并轨。1993年起，政府大幅度放开了一般竞争性商品的价格，提高了电力、原油、天然气价格，调整了成品油价格，放开了绝大多数农产品的价格和经营，原来的粮食定量配给转变为市场供应，城市居民的粮票粮本全部取消。大部分生产资料价格由“双轨制”并轨为单一的市场价格。市场价格在社会商品零售总额中的比重，由1991年前的50.3%上升到93.8%，从而确立了市场价格在价格体系中的主体地位，基本形成了市场决定价格的机制。在理顺价格的同时，还建立健全了重要商品的价格调节基金制度和重要商品的储备制度、价格指数体系和价格预警系统等价格宏观调控体制。

五、社会保障制度改革的推开

改革开放以后，随着企业改革和劳动用工制度改革的推进，以及人口和劳动力的大量流动等新情况的出现，传统的与计划经济相适应的社会保障制度越来越不适应经济社会发展的要求。改革开放以后，我国社会保障制度也进行了一些局部改革，但未取得根本性进展。20世纪90年代以后，党和政府加大了社会保障制度改革和建设力度。1993年，党的十四届三中全会提出建立多层次的社会保障体系。为加强各项社会保障制度的统一规划和社会保障基金的管理监督，1998年3月，成立劳动和社会保障部。之后又成立全国社会保障基金理事会，负责社会保障资金的运营和管理。社会保障制度改革和建设全面推开。

首先，改革和完善养老保险制度。1991年国务院决定实行国家、企业、个人三方共同负担的企业职工基本养老保险制度。1995年3月，国务院又规定，企业职工基本养老保险实行社会统筹与个人账户相结合。经过几年的推进，企业职工基本养老保险制度改革取得重要进展。到2001年，基本养老保险的参保职工达1.08亿人，领取基本养老金人数3381万人。1991年1月，国务院授权民政部进行农村社会养老保险制度试点。1992年2月，民政部提出建立农村社会养老保险制度，要以保障老年基本生活为目标，坚持资金以个人缴纳为主，集体补助为辅，国家给以政策扶持。农村养老保险试点县迅速增多。1993年，县级社会养老保险制度建设在全国1000多个县（市、区）展开，农村社会养老保险快速发展。1998年，全国约有2亿农民投保，积累保费100多亿元。

其次，改革和完善医疗保险制度。1994年4月，国务院医疗体制改革小组确定江苏镇江、江西九江两市进行职工医疗保险制度改革试点。在试点的基础上，1998年11月，国务院提出建立适应社会主义市场经济体制以及财政、企业和个人的承受能力的城镇职工基本医疗保险制度，城镇职工基本医疗保险覆盖面扩展到所有城镇职工，并确定城镇职工基本医疗保险实行社会统筹与个人账户相结合的模式。从此，城镇职工基本医疗保险制度开始取代公费医疗与劳保医疗制度。到2001年底，全国97%的地市启动了基本医疗保险改革，参加基本医疗保险的职工达7629万人。在基本医疗保险之外，各地还普遍建立了大额医疗费用互助制度，以解决社会统筹基金最高支付限额之上的医疗费用问题。在农村医疗制度改革方面，1998年农村推出以“福利加风险”为特征的合作医疗制度，但因收益面小，对农民缺乏吸引力，农村医疗制度改革仍然任重道远。

第三，建立失业保险制度。随着企业改革的推进和减员增效、下岗分流方针的施行，完善失业保险制度成为一项迫在眉睫的任务。1993年4月，国务院颁布了《国有企业职工待业保险规定》，规定了失业保险的范围、保险基金的筹集使用和管理等，形成了我国失业保险制度的雏形。1999年1月，国务院颁布《失业保险条例》，失业保险制度建设进入一个新阶段，失业保险覆盖面扩大到城镇所有企事业单位及其职工。到2001年，失业保险参保人数达1.03亿人。随着失业保险制度的完善，国有企业下岗职工基本生活保障制度逐步纳入失业保险范畴。到2001年，绝大多数国有企业下岗职工领到最低生活保障金。

第四，建立城市最低生活保障制度。1993年6月，上海市建立了城市居民最低生活保障制度，拉开最低生活保障制度改革的序幕。在东部沿海地区的试点基础上，1997年9月国务院下发通知，规定城市居民最低生活保障制度的保障对象为家庭人均收入低于当地最低生活保障标准的、持有非农业户口的城市居民，并对保障标准、保障金来源和相关政策作了明确规定。到1999年，全国所有城市和有建制镇的县城均建立了最低生活保障制度。同年，国务院规定城市居民最低生活保障资金由地方人民政府列入财政预算，地方政府根据当地维持城市居民基本生活所必需的费用来确定最低生活保障标准。到2001年，全国领取城市最低生活保障金的人数达1170万人。

第五，发展社会福利事业。1993年8月，民政部等部门提出依靠城市街道居委会、农村乡镇、村委会和城乡居民个人，大力兴办民间社区型的社会福利、社会服务事业。1994年1月，国务院颁布《农村五保供养工作条例》，明确规定在吃、穿、住、医、葬方面给予“五保”村民的生活照顾和物质帮助，农村“五保”供养工作自此走上法制化轨道。到2001年底，全国共有政府举办的社会福利机构3327个，集体举办的社会福利机构3.5万个，民办社会福利机构934个，社会福利企业3.8万个。

六、90年代的经济发展

1992—2001年，我国经济仍然在波动中前行，但是波动幅度比80年代明显减小。在邓小平南方谈话和党的十四大精神的鼓舞下，1992年和1993年，我国出现了一个经济发展的高潮，经济增长率分别达到

14.2%和14.0%。但由于经济体制中的深层次矛盾并未解决，伴随经济的高速增长，一些过去没有得到根除的问题又暴露出来。具体表现：一是固定资产投资过大，通货膨胀严重。1993年开始，经济运行中出现了高投资增长、高货币投放、高物价上涨、高贸易逆差的“四高”现象。1993年上半年全社会固定资产投资比上年同期增长61%，新开工项目和在建工程投资总规模均超过上年同期一倍多，增幅之大是历史上没有过的。许多地方“房地产热”“开发区热”急剧膨胀。高投资造成资金巨大缺口，银行只得加印钞票，导致了改革开放以来最严重的通货膨胀，商品零售价格上涨率1993年为13.2%，1994年高达21.7%，1995年仍为14.8%。在生产资料价格暴涨的推动下，流通领域公司林立，投机资本兴风作浪，市场秩序极为混乱。由于国内资源不足，各方面进口急剧上升，国家外汇结存下降较多。二是金融秩序混乱。乱集资、乱拆借、乱贷款等问题突出，大量资金在银行系统外循环，一部分资金被用于炒房地产、炒股票。正常的信贷投放完不成计划额度，重点需要的资金难以保证。金融危机的某些迹象已经显现。

在这种经济形势下，1993年6月，中央和国务院决定强化宏观调控，采取了一系列宏观调控措施，包括：严格控制货币发行、坚决纠正违章拆借资金、灵活运用利率杠杆大力增加储蓄存款、坚决制止各种乱集资、严格控制信贷总规模、强化中央银行的金融宏观调控能力、改革投资体制、完善有价证券发行和市场管理、改进外汇管理办法、加强房地产市场宏观管理、严格控制新开工项目、抑制物价总水平过快上涨、严格控制社会集团购买力过快增长等。在这些措施的作用下，1993年下半年，宏观经济形势出现转机，金融秩序好转，居民储蓄存款增加，专业银行备付金率回升到正常水平，过度投资得到控制，物价涨幅明显下降。到1996年，宏观调控基本达到预期目标，经济顺利实现“软着陆”。经济增长率由1992年峰顶时的14.7%平稳地回落到1996年的9.7%；商品零售价格上涨率由1994年的21.7%回落到1996年的6.1%。金融形势基本稳定，1996年狭义货币M1增长18.9%，广义货币M2增长25.3%，与经济增长基本协调。

1997年，经济发展呈现出“高增长、低通胀”的良好态势，GDP增长8.8%，商品零售价格仅上涨0.8%。正当经济发展向好之时，当年7月，亚洲金融危机爆发，危机从泰国开始，迅速席卷东南亚，并波及我国台湾、香港及东亚日本、韩国，对东南亚和东亚地区的经济造成了灾难性破坏。亚洲金融危机对我国的对外贸易产生了严重影响，我国对亚洲国家的出口降幅达10%—40%，对欧、美、中东市场的出口增幅也呈下降趋势。引进和利用外资也遇到很大困难。为了应对亚洲金融危机，1998年中央决定实施积极的财政政策，增发1000亿元财政债券，银行也相应增加了贷款，重点用于增加扩大农林水利、交通通信、城市基建、城乡电网、中央直属粮食储备库等基础设施建设投资。同时，增加中低收入者的收入，改善人民生活；通过出口退税千方百计增加出口；开展严厉打击走私和骗汇、逃汇、套汇的斗争。政策很快收到成效，从1999年下半年起，外贸出口大幅度回升，国家外汇储备增加。经济增长率开始回升，由1999年的7.6%上升至2000年的8.4%。

20世纪90年代，我国经济发展虽然经受亚洲金融危机的冲击和其他一些不利因素的干扰，但是，由于市场化改革不断深入，市场在资源配置中日益发挥基础性作用，国民经济继续保持快速发展势头，取得巨大成就。“八五”“九五”两个五年计划胜利完成，经济保持持续快速增长。1992—2001年GDP年均增长率达到10.4%，超过80年代的经济增长速度，也比同期世界经济年均增长率高6.7个百分点，比发达国家高8.2个百分点，比发展中国家高4.1个百分点，增长速度居世界首位。一大批重点建设项目如上海南浦大桥、杨浦大桥、长江葛洲坝水利枢纽二期工程、秦山核电站、大秦铁路、宝中电气化铁路、广州深圳准高速铁路、京九铁路、南昆铁路等顺利完成，黄河小浪底工程和长江三峡工程截流成功。国家基础设施得到极大改善，经济实力明显增强。经济结构进一步优化，2001年与1992年相比，第一产业比重由21.8%下降到14.4%，第二产业比重由41.8%上升到45.2%，第三产业比重由34.8%上升到40.5%。人民生活水平显著提高。1992—2001年农村居民家庭人均纯收入由784元增长到2366元，恩格尔系数由57.6下降到47.7；城镇居民家庭人均可支配收入由2026元增长到6859元，恩格尔系数由52.9下降到37.9。

第三节　新世纪市场基础性作用进一步强化

进入新世纪后，随着我国成功加入WTO，国内经济与全球市场经济体系迅速融合，有力地提升了市场在我国资源配置中的地位和作用。2002年党的十六大作出了建成完善社会主义市场经济体制的战略部署，进一步完善了政府与市场在资源配置中的职能，我国经济改革和发展进入了一个新的时期。

一、加入WTO和融入全球市场

2001年12月11日，经过长期艰苦的谈判，我国正式成为世界贸易组织（WTO）第143个成员，从此，我国的对外开放进入了一个新纪元。加入WTO后，我国积极履行入世承诺，扩大了工业、农业、服务业等领域的对外开放，加快推进贸易自由化和贸易投资便利化。一是大幅削减关税。在加入世界贸易组织5年过渡期内，我国先后4次对关税进行大幅度削减，进口商品关税总水平从2001年的15.3%逐步降低到2005年的9.9%。其中农产品平均税率降至15.3%，工业品平均税率降至9%。到2005年1月，我国绝大多数关税削减承诺执行完毕。二是取消非关税壁垒。入世5年内，我国相继取消了对石油产品、橡胶产品、汽车和起重机及其零部件、摩托车及其零部件等4大类39个税则号产品的进口配额与进口许可证管理；取消了发电机、推土机、变压器、胶印机、机器设备、电视接收设备、船舶等7大类44个税则号商品的机电产品特定进口招标要求。对小汽车进口配额总量增加15%，提高大米、植物油、食糖、棉花、羊毛、化肥的进口配额。2005年1月起全部取消对424个税号产品的进口配额、进口许可证和特定招标等非关税壁垒，仅仅保留依据国际公约以及在世界贸易组织规则下为保证生命安全、保护环境实施进口管制产品的许可证管理。三是进一步开放市场。全面放开外贸经营权，根据2004年新修订的《中华人民共和国对外贸易法》，从2004年7月起，政府对企业的外贸经营权由审批制改为备案登记制，所有对外贸易经营者均可以依法从事对外贸易。进一步开放服务市场，扩大境外服务商在金融、电信、建筑、分销、物流、旅游、教育等领域的市场准入。在世界贸易组织服务贸易分类的160个分部门中，我国开放了100个，开放范围已经接近发达国家的平均水平。四是完善法律法规制度。2004年7月，颁布实施了新修订的《中华人民共和国对外贸易法》，外贸管理的法律框架体系初步形成。2005年6月全国人大审议了《物权法》草案，2005年10月通过了《公司法》修订案和《证券法》修订案，2006年8月审议通过了《合伙企业法》修订案和《企业破产法》。根据世界贸易组织《与贸易有关的知识产权协议》，我国还对与知识产权相关的法律法规和司法解释进行了修改。与此同时，有关部门还集中清理了2300多部法律法规和部门规章。

成功加入了世界贸易组织，使我国全面参与国际分工与合作，更深更广地融入全球市场经济体系，对我国的经济发展产生重大影响。我国对外开放格局发生根本改变，由有限范围的开放转变为全方位的对外开放，由以试点为特征的政策主导下的开放转变为法律框架下可预见的开放，由单方面为主的自我开放，转变为与世界贸易组织成员之间的相互开放，由此带来我国对外贸易和投资迅猛发展。进出口贸易规模不断扩大，货物进出口总额从2001年的5096亿美元增加到2012年的38667亿美元，增长了658%。我国在世界贸易中排名大幅提升，2001年尚居第六位，2013年超越美国跃居世界第一位。短短十余年时间，我国迅速崛起为全球头号货物贸易大国和“世界工厂”。贸易结构也进一步优化，在巩固发展美欧日等传统市场的同时，对东盟、俄罗斯、巴西等新兴市场的出口增加；在保持轻工、纺织等具有比较优势的传统产品出口的同时，机电产品和高新技术产品出口大幅增加。利用外资的规模和质量也全面上升，实际使用外资额从2001年的496亿美元增加到2012年的1132亿美元，增长了128%，外资投向高端制造业、服务业和中西部地区的比重逐步提高。与此同时，我国企业对外投资规模不断扩大，2010年对外直接投资达688亿美元，连续九年保持增长势头，年均增速为49.9%，首次超过日本、英国等，位居全球第五。对外投资的领域不断拓宽，到2010年底，我国对外投资已覆盖178个国家和地区。

加入世界贸易组织也有力地推动了国内的市场化进程。入世促进了经济管理体制和管理方式的改革，减少了政府对经济生活的直接干预，健全了市场规则，完善了市场体系，强化了市场配置资源的基础性作用。入世也促进了企业改革，我国企业经营管理机制和生产技术逐步与国际接轨，企业素质大为提高，活力明显增强。

二、国有资产管理体制改革和非公有制经济进一步发展

2002年11月党的十六大召开，明确提出了要在21世纪头二十年全

面建设小康社会的目标，并作出了建成完善的社会主义市场经济体制和更具活力、更加开放的经济体系的战略部署。为贯彻落实十六大精神，2003年11月，党的十六届三中全会通过《关于完善社会主义市场经济体制若干问题的决定》，对深化经济体制改革进行了全面部署。我国市场化改革进入到一个新时期。

国有企业改革仍然是经济体制改革的重要环节。党的十六大以后，国有企业改革的重点是建立健全国有资产监督管理体制。2003年，国务院成立了国有资产监督管理委员会，并颁布《企业国有资产监督管理暂行条例》，构建了国有资产监督管理体制的基本框架。在这一框架中，国资委代表国家对非金融类经营性国有资产履行出资人职责，按政资分开、政企分开的原则，建立新的国有资产管理、运营、监督体系和机制，长期困扰国有企业发展的政企不分、政资不分、出资人不到位和多头管理等体制性障碍开始出现突破。

根据十六届三中全会提出的大力发展混合所有制经济、使股份制成为公有制主要实现形式的精神，政府大力推进了国有大型企业股份制改革。中央企业及其下属子企业的公司制改革步伐加快，公司制企业户数的比重由2002年的30.4%提高到2006年的64.2%。2003—2007年，有52家中央企业首次在境内外公开发行股票并上市，近60家企业实现了再融资，中国移动、中国网通、中交集团、中粮集团、宝钢集团等企业实现了主营业务整体上市。到2007年11月，已经完成或计划整体上市的央企共有57家，占央企总数的1/3左右。按照建立现代企业制度的要求，国资委还开展了国有独资公司建立和完善董事会的试点工作，努力落实出资人责任。宝钢集团有限公司、神华集团有限责任公司等19家企业开展了董事会试点，初步实现了企业决策权与执行权分开和董事会选聘、考核、奖惩经理人员。到2012年5月，全国国有企业改制面超过90%，其中，中央企业及其下属企业改制面为72.1%。

针对国有企业行业分布过宽、部分企业主业过多、资产运营效率不高等问题，国资委积极推动中央企业的联合重组和主辅分离、辅业改制、分离办社会职能，促进国有资本向关系国家安全和国民经济命脉的重要行业和关键领域集中。2006年12月国务院首次明确了国家控股的七大行业，即关系国家安全和国民经济命脉的军工、电网电力、石油石化、电信、煤炭、航空运输、航运行业。通过国有经济结构和布局的战略性调整，一批具有较强竞争力的大公司大集团在激烈的市场竞争中涌现出来，一部分国有中小企业通过多种形式放开搞活，一部分亏损和资不抵债的企业以及一些资源枯竭的能源企业退出了市场。

党的十六届三中全会提出允许非公有资本进入法律法规未禁入的基础设施、公用事业及其他行业和领域。按照这一精神，2005年2月24日，国务院发布《关于鼓励支持和引导非公有制经济发展的若干意见》（简称“非公36条”），除规定非公有资本可以进入法律法规未禁入的行业和领域外，还规定凡允许外资进入的行业和领域，也允许国内非公有资本进入；放宽股权比例限制等方面的条件；在投资核准、融资服务、财税政策、土地使用、对外贸易和经济技术合作等方面，对非公有制企业与其他所有制企业一视同仁。2007年3月，我国第一部《物权法》颁布，明确规定国家保障一切市场主体的平等法律地位和发展权利。这些法律和政策措施有力地促进非公有制经济的发展。2007年年底，全国注册私营企业551.3万户，比2003年增加307万户，非公有制经济成为我国各种经济成分中数量最多、比例最大、活力最强的部分。2003—2007年非公有制经济投资占全社会固定资产投资比重超过50%，提供了75%以上的城镇就业岗位。2007年国际金融危机爆发后，大批外贸依存度高的中小私营企业停产或倒闭，2009年国务院发布《关于进一步促进中小企业发展的若干意见》，加大对中小企业的扶持力度。针对部分中小企业出现资金链断裂和企业主出走现象，2012年3月，国务院批准在温州实施金融综合改革试验。这些措施使私营企业的发展出现企稳迹象，规模以上私营工业企业工业增加值增长率2007年为26.7%，2009年下降至18.7%，2010年和2011年有所回升，分别为20.0%和19.5%。

三、现代市场体系初步建立

2002年以来，随着经济的持续高速发展以及与国际市场快速融合，国内市场持续繁荣活跃，消费规模不断扩大，新型流通方式大量涌现，现代市场体系初步形成。

首先，商品市场迅速发展。商品市场规模不断扩大，2001—2012年社会消费品零售总额由4.3万亿元增长到21万亿元，增长388%，年均增长15%。商业网点遍及全国，2007年底，全国批发零售贸易业产业活动单位达到15.7万个，住宿和餐饮业产业活动单位3.7万个；全国亿元以上耐品交易市场数量达4121个，比2002年增加863个。消费品交易市场快速发展。2007年底，全国各类消费品交易市场61913个，其中城市消费品交易市场24150个，农村消费品交易市场37763个。消费品和生产资料结束以往供不应求的状况，全面买方市场格局基本形成，据2006年下半年对600多种消费品的调查，供过于求的占71.3%，没有供不应求的商品。

其次，金融市场进一步完善和发展。银行等金融机构改革继续深化，银行体系进一步完善。为了在商业银行中建立规范的公司治理架构，国务院决定对国有大型商业银行实行股份制改革。2004、2005年，中国银行、中国建设银行和中国工商银行先后整体改制为股份有限公司，并分别在香港H股市场和境内A股市场成功上市。农村金融机构改革也进一步深化。2003年下半年，以明确产权关系，完善法人治理结构为主要内容的农村信用社改革试点在浙江等八个省市开展，2004年8月改革扩大到21个省区市，部分农村信用社改制成农村商业银行和农村合作银行。人民币汇率市场形成机制初步建立。2005年7月，我国正式实施人民币汇率形成机制改革，建立健全以市场供求为基础的、参考一揽子货币进行调节的、有管理的浮动汇率体制。2008年国际金融危机期间，人民币汇率改革一度停顿。危机缓解后，我国继续推进人民币汇率形成机制改革，2012年4月进一步扩大外汇市场人民币兑美元汇率浮动幅度，汇率弹性明显增强。资本市场进一步完善和发展。长期以来，我国A股市场上有2/3以上的股权不能流通，流通的股份和非流通股份实质上形成了两个市场、两个价格。同股不同权、同股不同利等“股权分置”成为我国资本市场的一项重要制度缺陷。2005年4月证监会启动股权分置改革，2006年底改革基本完成，实行股权分置改革的企业占所有上市公司的90%以上。2009年10月，创业板在深圳证券交易所正式上市，为创新型、成长型企业开辟了新的融资渠道。2010、2011年两年，在创业板市场公开发行的股票245只，筹资1754亿元。

第三，劳动力市场稳步发展。劳动力市场规模逐步扩大，劳动力流动性明显增强。2002—2012年，就业人数由7.32亿人增长到7.67亿人。劳动力大量从农业向二、三产业流动，2002—2012年，第一产业就业人数由3.66亿人减少到2.57亿人，占就业总人数的比重由50%下降到33.6%；第二产业就业人数由1.56亿人增长到2.32亿人，占就业总人数的比重由21.4%上升到33.6%；第三产业由2.09亿人增长到2.76亿人，占就业总人数的比重由28.6%上升到36.1%。第三产业成为就业主渠道。劳动者的工资水平大幅上涨。2002—2012年城镇单位就业人员平均货币工资由12373元增长到46769元，按可比价格计算，增长188.7%。

第四，房地产市场快速发展和完善。进入新世纪后，房地产市场迅猛发展，很快形成存量与增量联动、买卖与租赁并举的房地产市场体系。2002—2012年房地产开发投资由7790亿元增长到71803亿元，增长821%；商品房销售面积由26808万平方米增长到111304万平方米，增长315%；商品房销售额由6032亿元增长到64455亿元，增长968%。2003年以后，房地产价格出现大幅上涨。为了抑制住房价格过快上涨，政府出台了多项政策措施对房地产市场进行调控，先是从严把土地、信贷两个闸门入手控制房地产投资过快增长，以后又采取供需双向调节政策来稳定房价。从2010年开始，政府又通过限购、限贷等控制住房需求的措施来控制房价。与此同时，政府加大了保障房的建设力度，2013年新开工建设各类保障房660万套，基本建成540万套。

四、宏观管理体制改革继续深化

进入新世纪以后，我国进一步改革财税体制，加快转变政府职能，宏观管理体制的各项改革继续深化。

继续深化财税体制改革，推进增值税、所得税和资源税改革，加快公共财政建设。税收制度改革的主要措施：一是实施增值税改革。2004年，中央决定把第一大税种增值税由生产型增值税变成消费型增值税，先在东北三省试点。2009年1月，全国所有地区的所有行业都实施增值税转型改革。增值税转型改革消除了重复征税因素，大大减轻了企业税负。从2012年1月1日起，在上海市交通运输业和部分现代服务业开始试点营业税改征增值税。截至2013年8月1日，“营改增”试行范围扩展到全国，进一步减轻了企业的税负。二是统一内外资企业所得税，2007年3月，十届全国人大五次会议通过《企业所得税法》，实行内、外资两套企业所得税法合并，外资企业实际税率从15%变成25%，内资从33%下降到25%。内资企业和外资企业的税负统一有利于各类企业平等竞争。三是实行出口退税改革。2004年1月对出口货物增值税退税率进行结构性调整，加大中央财政对出口退税的支持力度，实行中央和地方共同承担的出口退税新机制。2007年7月又对出口退税政策进行调整，取消“高耗能、高污染”产品的出口退税，降低了容易产生贸易摩擦的大宗出口商品的出口退税率。四是推进资源税改革。2005年，调高河南、山东等15个省区市煤炭资源税标准，普遍调高油气田企业原油、天然气资源税标准，陆续提高锰矿石、铁矿石、有色金属等资源税标准。2011年9月，原油、天然气资源税征收方式全部由从量计征改为从价计征，有利于促进资源节约和保护环境。财政体制改革主要是大力推进公共财政建设，加大财政对收入分配和社会保障等领域改革的支持力度：一是完善转移支付制度。2003年农村税费改革全面推开后，县乡财政困难问题日益突出，完善转移支付制度成为完善财政体制的主要内容。2003—2007年，中央对地方尤其是中西部地区的转移支付由4836亿元增加到13991亿元。二是深化预算管理制度改革，重点开展把预算外资金全部纳入预算管理、推进政府预算决算公开、建立国有资本经营预算的工作，规范财政资金的分配和管理。三是积极推动省以下财政体制改革，建立以“保工资、保运转、保民生”为目标的县级基本财力保障机制。2011年、2012年两年，财政预算安排县级基本财力保障机制奖补资金1700亿元以上。

大力推进行政管理体制改革，减少政府的审批权限，强化政府的市场监管和社会管理职能。2001年11月，国家计委公布了第一批取消审批的城市基础设施建设项目、房地产开发建设基础项目、商贸设施项目等五大类投资项目。2002年以后，政府对经济活动管理中的行政审批项目不断减少。2005年，投资核准制和备案制开始全面实施，企业拥有了真正意义上的投资自主权。到2013年初，国务院各部门共取消和调整审批项目2000多项。国务院还加强对审批行为的规范，各地区和各部门逐步建立了审批公示、行为监控和责任追究等制度。通过减少审批事项和简化审批环节，企业的投资经营环境得到明显改善。在减少审批的同时，进一步强化了政府的市场监管和社会管理职能。2005年，国家工商总局集中开展食品安全专项整治、保护注册商标专用权专项整治和虚假违法广告专项整治等“三项整治”工作，加大整顿规范市场秩序力度，取得很大成效。煤炭生产安全的监管力度也明显加强。2004年1月国务院发布《关于进一步加强安全生产工作的决定》，2011年11月又发布《关于坚持科学发展安全发展促进安全生产形势持续稳定好转的意见》，重点推进安全生产执法活动，深化重点行业和领域安全生产专项整治，加强安全生产法制体制机制建设。经过努力，安全生产形势基本实现稳定。2007年7月，国务院发布《关于加强食品等产品安全监督管理的特别规定》，2009年2月全国人大通过《食品安全法》，食品药品安全管理力度大大加强。政府还建立了公共卫生事件医疗救治体系，健全了经济社会预警及应对机制，在政务信息公开、重大决策听证、企业服务、促进就业等方面实行了一系列改革，不断强化服务、简化程序、提高透明度，服务型政府建设迈上新台阶。

五、覆盖城乡的社会保障体系基本建立

进入新世纪后，我国加快推进社会保障制度建设，适应社会主义市场经济要求、覆盖城乡的社会保障体系基本建立起来，进一步促进了社会公平。

首先，养老保障实现全覆盖。2002年以来，城镇基本养老保险覆盖面不断扩大，从国有企业扩大到各类非公组织，从正规就业人群扩大到所有就业人群。2011年城镇基本养老保险参保职工人数2.16亿人，比2001年增加一倍。2009年9月，新型农村社会养老保险试点在全国10%的县（市、区）开展，新农保改变了老农保“个人账户、储备积累”模式，实行个人账户为主、统筹为辅的“大账户小统筹型”，或完全的个人账户型。筹资方式上也改变了老农保以个人缴费为主的方式，由各级财政资金进行补助。到2012年，新农保参保人总数达到3.97亿人，基本实现全覆盖。2011年6月，城镇居民社会养老保险制度试点在全国范围内启动，到2012年8月底，绝大多数区县都建立了城镇居民养老保险制度，参保人数558万人。至此，我国养老保障从以往主要覆盖城镇职工的基本养老保险制度，发展成为覆盖城镇职工、农村居民和城镇居民的三大基本养老保险制度，实现对社会所有人群的制度全覆盖。

其次，医疗保障实现全覆盖。为解决农民“因病致贫、因病返贫”问题，为广大农民提供基本医疗保障，2003年1月，开始建立以大病统筹为主的新型农村合作医疗制度。新型农村合作医疗改变老农合无政府资金支持的社区性医疗互助模式，实行以政府财政筹资为主、个人缴费为辅的新模式。由于政府财政补助的大幅度提高和各级政府的积极组织动员，新型农村合作医疗快速发展，到2011年底，新农合已覆盖全国所有含农业人口的县市区，参合农民8.32亿人，参合率达97.5%。2002年以来，城镇职工基本医疗保险迅速发展，覆盖范围不断扩大，城镇各类单位和各类就业人群全部纳入职工基本医疗保险保障范围。到2011年年底，参加城镇职工基本医疗保险人数为2.52亿人。随着城镇职工医疗保险制度的推进以及新型农村合作医疗的建立，城镇非就业居民的医疗保险制度缺失问题日益突出。2007年国务院开展城镇居民基本医疗保险试点，城镇居民基本医疗保险制度实行大病统筹，筹资缴费由各级财政和居民个人共同负担，2009年，在原来的大病统筹的基础上将保障范围扩大到门诊统筹，到2011年底，参加城镇居民基本医疗保险的人数达到2.21亿人。通过建立健全新型农村合作医疗、城镇职工基本医疗保险和城镇居民基本医疗保险制度，实现了医疗保障全覆盖。

第三，失业、工伤和生育保险加速覆盖。2002年以来，外商投资企业、私营企业以及个体工商户的参保工作力度加大，同时积极将灵活就业人员纳入失业保险范畴。到2011年底，失业保险参保总人数从2001年的1.03亿人增加到1.43亿人。2003年《工伤保险条例》颁布后，工伤保险覆盖面迅速扩大，由各类企业扩展到有雇工的个体工商户、事业单位和民办非企业单位。到2011年底，工伤保险参保人数从2001年的4345万人增加到1.76亿人。生育保险覆盖面也迅速扩大，机关事业单位、灵活就业人员及农民工等都被纳入参保范围。到2011年底，生育保险参保人数从2001年的3455万人增加到1.38亿人。

六、新世纪的经济发展

进入新世纪以来，随着我国加入WTO和市场化改革向深度和广度推进，国民经济总体保持又快又好的发展势头，尤其在前期，出现了新中国建立以来持续时间最长的经济繁荣。

早在2000年，我国经济就开始摆脱亚洲金融危机的影响，从低谷逐渐回升。2002年以后，我国经济进入快速发展通道。从国际情况看，随着我国加入WTO，国外资金普遍看好我国经济发展前景、市场潜力和丰富廉价的劳动力资源，持续大量进入我国，初中端制造业加快向我国转移，我国迅速成为全球产业链中的重要生产加工基地和“世界工厂”，国际市场对我国产品的需求持续增加。从国内情况看，由于住房市场化改革的推进、入世后汽车和电子等许多产品价格的下降、国际大型连锁超市和网购等新型商业模式的兴起和发展、人们收入水平的持续增加等因素，有力地促进了居民消费的转型升级，住宅、汽车、通信、教育、旅游等新消费热点纷纷涌现，国内市场迅速扩大。高储蓄率使国内资金相当充裕。连续六年的建设国债加上配套资金3万多亿元的投入，使我国基础设施显著改善。在国内外各种有利形势的推动下，我国经济出现了前所未有的持续高速增长。从2002年到2007年，各年经济增长率分别为9.1%、10.0%、10.1%、11.3%、12.7%、14.2%，加上2000年和2001年的经济恢复期，国民经济连续八年处于上升阶段，出现空前的繁荣。

随着经济的快速增长，从2003年下半年起，经济运行出现了一些新的矛盾和问题，突出表现为：固定资产投资膨胀，一些部门的投资增长过快，特别是钢铁等部分行业固定资产投资迅猛增长，使煤电油运的供给全面趋紧；农业基础还不稳固；物价上涨的压力比较明显。针对这些苗头性、倾向性问题，中央和国务院开始了新一轮宏观调控，适当控制固定资产投资规模，坚决遏制部分行业和地区盲目投资、低水平重复建设。为确保预期宏观调控目标的实现，2005年结束了实施七年之久的积极的财政政策，实行稳健的财政政策和稳健的货币政策。与此同时，严把土地闸门，整顿土地市场秩序，控制盲目新上投资项目。2007年底，为了防止经济增长由偏快转为过热、防止价格由结构性上涨演变为明显通货膨胀，中央将稳健的货币政策进一步调整为从紧的货币政策。这一轮加强和改善宏观调控，对于保持我国经济平稳较快增长发挥了重要作用。

2007年下半年，美国次贷危机爆发，并引发全球性金融危机，给世界各国经济带来了巨大的灾难。2008年9月以后，国际金融危机对我国的冲击明显加大。为应对国际金融危机的影响，11月，国务院对宏观经济政策又一次进行重大调整，实行积极的财政政策和适度宽松的货币政策，推出了包括建设保障性安居工程、农村基础设施、铁路公路和机场等重大基础设施等在内的4万亿元投资计划，同时实行结构性减税，以促进经济增长。进入2009年，国际金融危机还在扩散蔓延，世界经济深度衰退，我国出口大幅下降，经济增速陡然下滑，不少企业经营困难甚至停产倒闭，失业人员大量增加。中央和国务院不断加大政策力度。2009年1、2月，国务院相继通过汽车、钢铁、纺织、装备制造、船舶、电子信息、轻工、石化、有色金属、物流等十项重点产业调整和振兴规划，并加大货币投放量，2009年全年新增贷款9.7万亿元。2009年下半年，政府经济刺激政策收到成效，经济增长下滑的态势得到遏制，全年经济增长率达到9.2%。2010年经济增长率回升至10.4%。伴随着经济的回暖，通货膨胀的压力又不断加大。2010年二季度开始，政府又转而采取紧缩性宏观经济政策，加上劳动成本上升、资源环境约束强化、国际市场变化等因素的影响，我国经济增长率又开始下行。2011年、2012年和2013年经济增长率分别为9.3%、7.8%和7.7%，2014年一季度又降至7.4%，我国经济又面临新的困难和挑战。

虽然受到国际金融危机等不利因素的影响，进入新世纪以来，我国经济发展仍然取得了辉煌成就，“十五”计划和“十一五”规划胜利完成，“十二五”规划顺利推进，社会主义经济建设又迈上了一个新台阶。2002—2013年GDP年均增长率达到10.1%，增长速度在世界继续独领风骚。主要工业品产量大幅增长，2002—2012年汽车产量由325万辆增长到1927万辆，增长492%；生铁产量由17084万吨增长到65790万吨，增长285%；钢材产量由19251万吨增长到95317万吨，增长395%；原铝产量由432万吨增长到1985万吨，增长359%；水泥产量由72500万吨增长到221000万吨，增长204%；平板玻璃产量由23445万箱增长到71416万箱，增长204%；化纤产量由991万吨增长到

3800万吨，增长283%；家用冰箱产量由1598万台增长到8427万台，增长427%；手机产量由12146万台增长到118154万台，增长872%；微型计算机设备产量由1463万台增长到35411万台，增长2320%；发电量由16540亿千瓦小时增长到49377亿千瓦小时，增长198%。许多工业品产量跃居世界首位。经济结构继续优化，2012年与2002年相比，第一产业比重由13.7%下降到10.1%，第二产业比重44.8%上升到45.3%，第三产业比重由41.5%上升到44.6%。人民生活水平进一步提高，2002—2012年农村居民家庭人均纯收入由2475元增长到7916元，按可比价格计算增长123%，恩格尔系数由46.2下降到39.3；城镇居民家庭人均可支配收入由7702元增长到24564元，按可比价格计算增长162%，恩格尔系数由37.7下降到36.2。

第四节　市场化改革与“中国经济奇迹”

改革开放30多年来，我国社会主义经济建设取得了巨大成就，经济持续快速发展，综合国力大大增强，人民生活显著改善。实践证明，市场是配置资源的最有效方式，我国经济能够取得今天的成就，关键在于坚定不移推进市场化改革，充分发挥市场在配置资源中的作用。

一、改革开放以来的经济成就

改革开放30多年来，我国经济发展取得了举世瞩目的成就，经济社会面貌发生翻天覆地的变化，被世人称为“中国经济奇迹”，具体表现在以下方面：

首先，经济总量大幅增长。1979—2013年，我国国内生产总值年均增长9.7%，远远超过同期世界经济年均2.8%的增速，在全球独领风骚。GDP由1978年的3645亿元跃升至2013年的56.9万亿元。经济总量连续迈上新台阶，1986年GDP突破1万亿元，2001年突破10万亿元，2013年达到56.9万亿元。经济总量在世界的排位稳步提升。1978年我国经济总量仅居世界第十位，2008年超过德国居世界第三位，2010年又超过日本，成为仅次于美国的全球第二大经济体。人均GDP不断提高，1978年人均GDP仅有381元，1987年突破千元，达到1112元，2003年超过万元，达到10542元，2013年达到42023元。我国人均国民总收入1978年为190美元，2012年上升至5680美元，已从低收入国家跨入中等收入国家之列。

其次，经济结构不断优化。农业基础地位得到巩固，工业实现长足发展，服务业快速发展壮大，三次产业结构持续优化。1979—2013年，一、二、三产业增加值年均实际分别增长4.6%、11.2%和10.7%。2013年三次产业增加值在国内生产总值中所占的比重为10：43.9：46.1，与1978年相比，第一产业比重下降18.2个百分点，第二产业比重下降4个百分点，第三产业比重上升22.2个百分点，工业化和现代化水平显著提升。区域发展相互促进和协调。东部地区率先发展起来后，通过产业梯度转移等方式带动中西部地区的发展。2012年，中部、西部和东北地区固定资产投资占全国固定资产投资的比重分别为23.5%、24.1%和11.1%，与2000年相比，分别提高6.0、5.0和2.7个百分点。城镇化水平不断提高，1978年全国城镇化率为17.9%，2013年提高到53.7%，提高了35.8个百分点，年均提高1个百分点。随着城镇化和工业化的推进，城镇吸纳就业人数也大幅增加，城镇就业人员占全国就业人员的比重从1978年的23.7%提高到2013年的49.6%，乡村就业人员占比从76.3%下降50.4%。

第三，经济效益显著提高。1980—2012年，全国规模以上工业企业从业人数由6605万人增加至9273万人。在劳动力增幅相对不大的情况下，各项经济指标却大幅攀升，反映出企业生产率和经济效益的显著提高。1980—2012年，全国规模以上工业企业资产总额由4233亿元增长到74492亿元；主营业务收入由7899亿元增长到915915亿元；利润总额由929亿元增长到55578亿元；税金总额由727亿元增长到40939亿元。2013年企业经济效益继续提高，全国规模以上工业增加值按可比价格计算，比上年增长9.7%。2013年1—11月，全国规模以上工业企业实现利润总额53338亿元，比上年同期增长13.2%。其中，主营业务利润53701亿元，比上年同期增长4.4%。

第四，基础设施快速发展。交通运输设施发展迅速。2012年，全国铁路营业里程达9.8万公里，比1978年增长88.8%；公路里程达424万公里，比1978年增长3.8倍；民用航空航线里程328万公里，比1978年增长21.0倍；主要港口货物吞吐量66.5亿吨，增长32.5倍，连续多年位居世界第一。高速公路和高速铁路等从无到有，发展迅速。2012年，我国高速公路里程达到9.62万公里，位居世界第二；高铁运营里程达9356公里，位居世界第一。邮电通信业迅猛发展。2012年，邮政营业网点比1978年增长92.6%，邮路总长度增长3.1倍，固定长途电话交换机容量增长8479倍，局用交换机容量增长106.8倍。固定电话和移动电话迅速普及。互联网设施也发展迅猛，2012年互联网普及率由2002年的4.6%迅速提高到42.1%。

第五，商品供应极大丰富。农副产品产量大幅增长。2013年，全国粮食产量达到60194万吨，比1978年增长95.4%；棉花产量631万吨，比1978年增长2倍；油料产量3531万吨，增长5.7倍；糖料产量13759万吨，增长4.7倍；肉类产量8373万吨，比1979年增长6.9倍。工业产品产量更是迅猛增长。2013年，我国粗钢产量达7.7亿吨，比1978年增长23.4倍；水泥24.2亿吨，增长36倍；汽车2346万辆，增长151.5倍。家用电冰箱由1978年的2.8万台增至2012年的8427万台；彩色电视机由0.4万台增至1.3亿台。手机和电脑从无到有，2012年产量分别达到11.8亿台和3.5亿台。我国已经由一个落后的农业国发展成为世界制造业大国，2010年我国制造业增加值占世界的17.6%，钢铁、水泥、汽车等220多种工业品产量位居世界第一。

第六，人民生活水平大幅提升。城乡居民收入水平显著提高。2013年，城镇居民人均可支配收入29547元，比1978年增长77.8倍，年均增长13.3%，扣除价格因素，年均增长7.3%；农村居民人均纯收入8896元，增长66.3倍，年均增长12.8%，扣除价格因素，年均增长7.5%。城乡居民生活质量显著提高，1978—2012年城镇居民恩格尔系数由57.5%下降至36.2%，下降21.3个百分点；农村居民恩格尔系数由67.7%下降至39.3%，下降28.4个百分点。城乡居民的居住条件也得到很大改善。1978—2012年，城镇居民人均住宅建筑面积由6.7平方米增加到32.9平方米，农村居民人均住房面积由8.1平方米增加到37.1平方米。消费领域不断拓展，消费品档次不断升级。彩电、冰箱、空调、手机、电脑等耐用消费品广为普及，汽车等高档消费品走进千家万户。

第七，社会事业蓬勃发展。就业稳步增加。1978—2013年，全国就业人员从40152万人增加到76977万人。社会保障事业快速发展，从一个低层次、低水平的社会保障体系发展成为多层次、全覆盖、相对完善的社会保障体系。教育事业成绩斐然。九年义务教育全面实现，国民受教育程度大大提高，2012年6岁及以上人口平均受教育年限为8.9年，比1982年提高3.7年。2013年，普通高校毕业生727万人，比1978年增长43倍。公共卫生事业全面发展。2012年，全国卫生机构数比1978年增长4.6倍，卫生技术人员数增长1.7倍，医院和卫生院床位数增长1.9倍。科技、文化、体育等事业也取得前所未有的发展。

二、经济繁荣与市场化改革

1978年以来，我国社会主义建设和发展之所以取得如此辉煌的成就，根本原因就是坚定不移地推进改革开放。正如习近平在关于《中共中央关于全面深化改革若干重大问题的决定》的说明中所指出的："从党的十一届三中全会作出把党和国家工作中心转移到经济建设上来、实行改革开放的历史性决策以来，已经35个年头了。中国人民的面貌、社会主义中国的面貌、中国共产党的面貌能发生如此深刻的变化，我国能在国际社会赢得举足轻重的地位，靠的就是坚持不懈推进改革开放。"[①]改革开放是新时期最鲜明的特点。从农村到城市、从经济领域到其他各个领域，全面改革的进程势不可当地展开；从沿海到沿江沿边，从东部到中西部，对外开放的大门毅然决然地打开。这场历史上从未有过的大改革大开放，极大地调动了亿万人民的积极性，使我国成功实现了从高度集中的计划经济体制到充满活力的社会主义市场经济体制、从封闭半封闭到全方位开放的伟大历史转折；使我国以世界上少有的速度持续快速发展起来，我国经济从一度濒于崩溃的边缘发展到世界第二大经济体，人民生活从温饱不足发展到总体小康，经济建设、政治建设、文化建设、社会建设和生态文明建设取得举世瞩目的成就。事实雄辩地证明，改革开放是决定当代中国命运的关键抉择，是发展中国特色社会主义、实现中华民族伟大复兴的必由之路。

改革开放的核心内容是调整政府与市场的关系。在传统的计划经济体制下，政府对经济管得太多太死，排斥市场机制的作用，结果经济发展出现种种问题。改革的重点是经济体制改革，而经济体制改革的实质就是调整传统的政府与市场的关系，充分发挥市场在资源配置中的作用和转变政府职能，推动经济体制由传统的计划经济体制向社会主义市场经济体制转变。对外开放实际上就是打破过去由政府控

① 《〈中共中央关于全面深化改革若干重大问题的决定〉辅导读本》，人民出版社2013年版，第62页。

制的封闭的经济体系，使之融入全球市场经济体系中，其本质是在更大范围调整政府与市场的关系，在对外经济关系中发挥市场的作用和转变政府职能。

在三十多年改革开放中，对政府与市场关系的调整是沿着两条主线逐步向前推进的。一是逐步使市场在资源配置中起决定性作用，为此不断培育市场主体，完善市场体系，扩大市场调节的范围。二是逐步转变政府职能，将政府职能由过去的无所不包、无所不管，逐步转变为主要是保持经济稳定和可持续发展、提供公共产品、促进共同富裕、维持市场秩序、弥补市场失灵等。改革是一个渐进的过程。党的十一届三中全会提出必须尊重价值规律的作用，并作出实行改革开放的历史性决定，开启了建立调整政府与市场关系的先河。党的十二届三中全会明确社会主义经济是“有计划的商品经济”，党的十三大提出“国家调节市场，市场引导企业”的经济运行机制，把市场在资源配置中的作用提高到与政府同等重要的位置。党的十四大所提出的建立社会主义市场经济体制的改革目标，明确了市场在资源配置中起基础性作用，实现了政府与市场关系调整的一次飞跃。党的十六届三中全会提出完善社会主义市场经济体制的战略部署，把政府与市场关系的调整推向深入。党的十八届三中全会提出使市场在资源配置中起决定性作用和更好发挥政府作用，实现了政府与市场关系调整的新飞跃。通过持续推进市场取向的改革，不断提高市场在资源配置中的地位作用和转变政府经济职能，使政府与市场各司其职、各就各位，极大释放了经济主体的积极性、主动性和创造性，使传统体制下被压抑的劳动、知识、技术、管理、资本等一切要素的活力竞相迸发，一切创造社会财富的源泉充分涌现，大大提高了资源配置效率，为我国经济持续三十多年的发展和繁荣奠定了体制机制基础。

第四章　当前政府与市场的关系

经过三十多年的改革开放，我国已经成功地建立起社会主义市场经济体制，市场在资源配置中发挥基础性作用，但是，目前政府与市场的关系还存在不少问题，政府错位、越位、缺位的问题依然不同程度地存在，成为制约经济进一步发展和资源优化配置的关键因素。正确处理好政府与市场的关系，仍然是当前和今后一个时期我国深化经济体制改革的中心工作。

第一节　政府与市场关系现状分析

当前政府与市场的关系与改革开放以前相比，已经发生根本变化，市场在资源配置中发挥了基础性作用，政府对经济的直接干预大大减少，公共管理和公共服务职能明显增强。从主要方面来看，当前政府与市场的关系同社会主义市场经济的要求基本适应。

一、市场主体现状分析

在改革开放的推动下，各种所有制经济都取得了巨大发展。公有制为主体、多种所有制经济共同发展的社会主义基本经济制度已经建立起来，为市场在资源配置中发挥基础性作用奠定了基础。当前各类市场主体的特点如下：

第一，国有经济在社会主义市场经济中居主导地位，经济活力明显增强。通过不断深化企业改革，国有经济有了很大发展。2013年，全国国有企业（不含金融类企业）资产总额累计约90.6万亿元，是2003年的3.58倍。2013年国有企业（不含金融类企业）资产总额中，净资产30.4万亿元，其中仅国有中央企业净资产总额就达16.1万亿元。国有经济的比重虽远不及计划经济时期，但仍然在国民经济中居于主导地位。2012年，国有及国有控股工业企业资产总额30.6亿元，占全国规模以上工业企业总资产的比重仍然达到41.1%。国有经济加上城乡集体经济，公有制经济在我国国民经济中仍然居于主体地位。改革大大增强了国有经济的效率和活力。2012年，国有及国有控股企业（不含金融类企业）营业收入42.38万亿元，比2003年增长2.95倍；净利润1.61万亿元，增长4.03倍；上缴税金3.35万亿元，增长3.04倍。

第二，非公有制经济发展迅速，成为社会主义市场经济的重要组成部分。改革开放之前，我国私营经济被彻底消灭，个体经济也所剩无几。改革开放使个体私营经济取得了长足发展，到1995年，个体工商户就已发展到2529万户，从业人数达4614万人。2012年底，个体工商户更增长到4059万户，从业人数约8000万人，资金总额1.98万亿元。1995年，私营企业65.5万户，从业人数956万人，注册资金2621亿元。2012年，私营企业达到1086万户，从业人数超过1.2亿人，注册资金超过31万亿元。其中规模以上私营工业企业户数为18.5万户，占全国规模以上工业企业总户数的55.5%；主营业务收入28.3亿元，占全国规模以上工业企业主营业务收入的30.9%；实现利润1.82万亿元，占全国规模以上工业企业利润总额的32.7%；从业人数3040.5万人，占全国规模以上工业企业从业总人数的32.8%。外资经济也有了巨大发展。2012年外商及港澳台投资企业主营业务收入22.1亿元，占全国规模以上工业企业主营业务收入的24.1%；实现利润1.27万亿元，占全国规模以上工业企业利润总额的22.8%；从业人数2515.2万人，占全国规模以上工业企业从业总人数的27.1%。非公有制经济在经济增长、就业、税收、利润以及技术创新等方面具有不可替代的作用，已经成为我国社会主义市场经济的重要组成部分。

第三，混合所有制经济成为市场主体的主要形态。1993年以建立现代企业制度为主要内容的改革在国有企业中全面推开后，尤其在近些年国有企业引入非公资本的步伐加快后，混合所有制经济逐渐成为国有大中型企业的主要经济形态。2005年到2012年，国有控股上市公司通过股票市场发行的可转债，引入民间投资累计达638项，资金数额累计15146亿元。2010年新36条颁布以来，到2012年底，民间投资参与各类企业国有资产产权的交易数量的总数4473宗，占到交易总宗数的81%，资金总额1749亿元，占到交易总额的66%。至2012年底，中央企业及其子企业中，混合所有制企业户数占公司制企业户数的比例接近57%，占中央企业登记企业总户数的一半以上；中央企业资产总额的56%、净资产的70%、营业收入的62%已进入上市公司。在资本市场领域，2012年中央企业及其子企业控股的上市公司共378家，上市公司中非国有股权的比例已经超过53%；地方国有企业控股的上市公司681家，上市公司非国有股权的比例已经超过60%。截至2012年底，股份制商业银行总股本中民间资本占比达到45%，而城市商业银行总股本中民间资本占比则超过半数，农村中小金融机构股本中民间资本占比超过90%。1999—2011年，混合所有制经济对全国税收的贡献率逐年提高，1999年占11.68%，2011年占48.52%。

二、市场体系现状分析

改革开放以来，我国各类市场不断发展。目前已经形成完整的市场体系，并有效地发挥资源配置的基础性作用。

在商品市场方面，价格机制代替计划机制起主要调节作用。市场调节在社会商品零售总额中所占比重，1978年仅为3%，1992年上升到93%，2008年又上升到95.6%。市场调节在农产品收购总额中所占比重，1978年仅为5.6%，1992年上升到83.8%，2008年又上升到97.1%。市场调节在生产资料销售总额中所占比重，1978年为0，1992年上升到73.6%，2008年又上升到96.5%。商品市场的规模也不断扩大。2012年社会商品零售总额21.03万亿元，比1978年增长139倍，按可比价格计算年均增长率为15.5%。目前，全国已形成包括生产资料和生活资料在内、有形市场和无形市场相结合、期货市场和现货市场相结合、以批发市场为主导、以零售市场为主体的多层次、多门类的商品市场体系，形成遍布城乡的流通网络和商业网点。

在金融市场方面，计划经济体制下的单一银行体制被打破，多元化的竞争性金融体系初步形成。从市场主体看，目前主要有政策性银行、商业银行、信用社等银行业金融机构，以及证券公司、财务公司和保险公司等非银行金融机构和企业等。党的十八届三中全会以后，允许民间资本设立中小银行等金融机构，民间金融机构成为金融市场的一支新生力量。从市场结构看，目前已经形成由同业拆借市场、债券回购、票据市场等构成的货币市场；以债券和股票等证券产品为主、场外市场与交易所市场并存的资本市场；全国统一的银行间外汇市场；以上海黄金交易所为主要交易平台、以商业银行柜台交易为补充的黄金市场；以上海、大连和郑州三家期货交易所为核心的期货市场；多种保险并存、中外资保险公司竞争的保险市场等。从金融产品和工具看，目前已经有了票据、债券、股票、基金、期货、黄金等比较完整的产品系列，同时还出现了债券买断式回购、债券远期交易、利率互换、远期外汇交易、权证等新的金融工具和衍生金融产品。金融市场规模也不断扩大。2012年，全国金融机构人民币存款余额91.75万亿元，比1978年增长793倍；贷款余额62.99万亿元，增长332倍；外汇储备33115亿美元，增长19828倍。2012年境内上市公司数2494家，股票有效账户数1.4亿户，股票市价总值23万亿元，成交金额31.5万亿元；债券成交额40.3万亿元，期货成交额171.1万亿元；保险机构164家，职工人数84.6万亿元，保费1.55万亿元。

在劳动力市场方面，随着非公有制经济的快速发展、农村劳动力大量向城镇转移、国有企业用工制度和高校毕业生分配制度改革的实行，我国劳动力市场迅速发展起来。目前已经形成以公共就业服务机构为核心、社会中介服务机构为重要力量、网上招聘和现场招聘等多种形式并存的劳动力市场体系，市场成为配置劳动力资源的主要手段，通过市场就业成为劳动力就业的主要途径。近几年我国每年要安排就业的劳动力约2500万人，这些劳动力主要就是通过市场实现就业的。2013年高校毕业生699万人，就业的高校毕业生中，通过大学组织的招聘会实现就业的约占39%，通过专业求职网站实现就业的约占13%。从用人单位看，个体私营经济和三资企业就业的大学生人数占大学生就业总人数的65%，非公经济成为就业主渠道。

在房地产市场方面，改革开放以来特别是1998年住房制度改革以来，房地产市场迅速发展。目前已经形成以商品房市场、地产市场为中心，包括房地产转让市场、房屋租赁市场、室内外装修市场、物业管理市场、房地产金融市场等在内的比较完整的市场体系。2012年房地产开发投资完成7.18万亿元，约占全国固定资产投资总额的五分之一，其中住宅投资完成4.93万亿元。2012年全国房屋建筑施工面积

57.34亿平方米，竣工面积9.94亿平方米，商品房销售面积11.13亿平方米，商品房销售额6.45万亿元，房地产开发企业贷款1.45万亿元。此外，2013年新开工保障性住房建设660万套，基本建成540万套。

此外，技术市场、信息市场、运输市场、文化市场、娱乐市场、教育市场、旅游市场等也都取得了很大发展。各类市场共同组成一个比较完整的市场体系，在资源配置中充分发挥基础性作用。

三、政府经济职能现状分析

随着市场资源配置作用的逐渐发挥，政府职能出现了很大的转变，实现了由计划经济时期无所不包、无所不管的政府向今天主要是保持宏观经济稳定、维护市场秩序和提供公共产品的政府转变。

首先，政府对经济的直接干预大幅减少。1978—2008年在社会商品零售总额中，政府定价比例由97%下降到2.4%；农产品收购总额中，政府定价比例由92.2%下降到0.7%；生产资料销售总额中，政府定价比例由100%下降到2.4%。2013年新一届政府成立后，加快转变职能、简政放权，分批取消和下放了416项行政审批等事项，修订政府核准的投资项目目录，推动工商登记制度改革，大幅减少行政审批事项。扩大“营改增”试点，取消和免征行政事业性收费348项。全面放开贷款利率管制。设立中国上海自由贸易试验区，探索准入前国民待遇加负面清单的管理模式。在简政放权、充分发挥市场作用的同时，政府强化了市场监管和维护市场秩序的职能。

其次，政府宏观管理职能进一步完善。计划经济时期政府宏观经济管理主要通过经济计划和行政手段进行。经过三十多年改革，当前政府宏观调控更多地依靠经济发展规划、产业政策，以及财政政策和货币政策等经济手段。例如，当前我国经济发展面临资源、环境、国际贸易保护主义等多重制约，调整经济结构势在必行。针对阻碍发展的结构性问题，政府更多的是注重运用市场手段和差别化政策，来鼓励发展服务业，支持战略性新兴产业发展，积极化解部分行业产能严重过剩矛盾，推进节能减排和污染防治，推动经济结构的调整和优化。2013年上半年，我国出口大幅波动，经济持续下行，中央财政收入一度出现多年少有的负增长，银行间同业拆放利率一度异常升高，国际上出现中国经济可能“硬着陆”的声音。面对跌宕起伏的宏观经济形势，政府明确守住稳增长、保就业的下限和防通胀的上限，只要经济在合理区间运行，就集中精力抓住转方式调结构不放松，保持宏观政策基本取向不动摇，以增强市场信心、稳定社会预期。同时，坚持实施积极的财政政策和稳健的货币政策，不采取短期刺激措施，不扩大赤字，不超发货币，而是优化财政支出，增加有效供给，释放潜在需求，保障经济运行不滑出合理区间。

再次，政府的公共服务职能明显强化。计划经济时期政府管了许多不该管、管不了、管不好的事，弱化了政府提供公共服务的职能。经过三十多年的职能转变，当前政府的公共服务职能大大增强。从2013年政府工作看，政府把保障和改善民生作为工作的出发点和落脚点，大力推动社会事业发展。推行大学生就业促进计划，加强农村转移劳动力就业服务和职业培训，对城镇就业困难人员进行就业援助。推进养老保险、社会救助制度建设。推进保障性安居工程建设，2013年新开工建设保障房660万套，基本建成540万套。启动教育扶贫工程，实施农村义务教育薄弱学校改造计划。发展医药卫生事业，基本实现医保总体全覆盖。大力发展文化事业，推出一批文化精品，扩大公益性文化设施向社会免费开放，完善全民健身服务体系。加强基础设施建设。2013年南水北调东线一期工程提前通水，中线一期主体工程如期完工。推进地下管网等城市基础设施建设。拓展油气和电力输配网络。加强高速公路、高速铁路、民航、水运、信息、邮政网络建设。

第二节　当前政府与市场关系的主要问题

改革开放以来，政府与市场关系的调整虽然取得长足进展，在主要方面与社会主义市场经济要求基本符合，但是，当前两者关系仍然存在不少问题，制约了资源配置效率的进一步提高。

一、市场主体发育不完善

要使市场有效发挥资源优化配置的作用，作为市场主体的企业必须具有经济人特性即追求利润最大化，才能对价格信号作出灵敏反应。经过多年改革，国有企业总体上已经同市场经济相融合，但是在治理结构、资产管理和资本布局等方面仍然存在一些问题，影响了国有企业的效率和活力。而非公有制经济发展也面临不少障碍。因此，当前市场主体发育还不够完善，与社会主义市场经济的要求还有一定差距。具体表现在以下方面：

首先，国有经济布局过宽，垄断行为较为突出。国有企业虽然数量不多，但是规模较大，分布面广，垄断了许多行业的生产经营。2012年规模以上国有及国有控股工业企业17341家，占全国规模以上工业企业总数的5.2%，但是资产却占41.07%。国有企业在金融、电网电力、石油石化、电信、煤炭、铁路、民航、航运、军工、烟草等行业保持绝对垄断地位。在制造业领域，国有企业的分布范围也十分广泛。其中，国有企业经营业务收入占全行业比重超过50%的行业有：烟草制品业、石油和天然气开采业、电力与热力的生产和供应业、石油加工和炼焦及核燃料加工业、煤炭开采和洗选业，其营业务收入占全行业比重分别为99.3%、95.4%、91.8%、71.2%、61.9%。国有企业经营业务收入占全行业比重在20%—50%的行业有：交通运输设备制造业、钢铁业、有色金属冶炼及压延加工业、专用设备制造业、化学原料及化学制品制造业，比重分别为46.9%、41.6%、30.3%、25%、20.9%。国有企业经营业务收入占全行业比重在20%以下的行业有：饮料制造业、通用设备制造业、医药制造业、非金属矿物制品业、通信设备和计算机及其他电子设备制造业、电气机械及器材制造业、农副食品加工业等。

其次，国有资产管理体制改革滞后，影响国有资产保值增值。一是国有资产在隶属关系上仍然是“条块分割”。从大型国有企业看，既有国务院国有资产监督管理委员会监管的100余家中央企业，又有由财政部监管的20余家大型金融企业，还有省级国资委监管的约1000家省级地方国有企业。在这种“条块分割”的体制下，国有资产监管职能分散于不同部门，部门、地区和行业之间存在壁垒，阻碍了国有资产的正常流动和优化配置。二是国有企业股权结构过于单一，国有资产资本化程度不足。到2011年底，在全国13.56万家国有企业中，国有独资企业仍然有2.1万家，占国有企业总数的15.49%；国有控股企业达8.25万家，国有资产总量为10.24万亿元，占企业净资产的比重达到67.74%，国有股一股独大现象仍然比较突出。三是现行国有资本授权经营体制和经营预算制度有很大局限性。在现行国有资本授权经营体制下，政府与企业之间的行政管理模式并没有根本突破。现行国有资本经营预算制度也存在局限，如国有资本经营预算没有实现全覆盖，特别是未将金融企业纳入管理范围；国有资本经营收益上缴比例偏低等。

第三，国有企业治理结构不完善，影响企业治理效率。虽然多数国有企业进行了公司制改造，但是，公司治理结构存在不少问题。一是董事会职能不清。董事会的产生没有严格的规范程序，股东大会还未召开，董事会就已产生。董事会成员的构成也不合理，不具有广泛的代表性。有的董事长由上级指派，不熟悉企业的经营状况，难以对企业重大问题作出决策。有的纯粹是原有企业领导班子的翻版，产生“内部人控制”问题。董事会成员与经理层高度重合，许多公司董事长兼任总经理，使经理层的权力失去了有效的制衡监督，董事代表股东利益的作用失效，董事会形同虚设。二是经理层的激励约束机制空缺。许多公司改制后仍然以原来的国有企业领导干部管理模式来管理现代企业的经理层人员。这种做法打破了经理层人员与董事会之间的委托代理关系，破坏了企业法人治理结构之间层层产生、层层制衡负责的机制。经理人员激励机制空缺，其收益没有与承担的风险、付出的劳动以及取得的成果挂钩，也缺乏有效的约束机制。三是监事会形同虚设。由于国资委在委派央企监事会及其成员时往往缺乏广泛的代表性，同时监事会在企业缺乏应有的独立性和权威，造成监事会很难发挥其监督作用。

第四，国有企业经济效益总体偏低。由于国有资产管理体制和企业治理结构尚未真正理顺，国有企业的经济效益仍然偏低。2001—2010年，全国国有企业净资产收益率平均为5.4%，仅比5年期银行存款平均利率高2.1个百分点。2010年底，国资委统计的12.4万户国有企业中，亏损企业约占35%。2012年，在全国规模以上工业企业中，国有及国有控股企业资产总额所占比重虽然达到41.1%，但是主营业务收入却仅占25.9%，实现利润仅占25.5%，亏损企业亏损额却占52.2%，主要效益指标与非国有企业相比仍然存在差距。

与此同时，非公有制经济发展存在不少歧视和障碍，其发展潜力和经济活力没有得到充分释放。一是产权保护的歧视。一些行政管理部门对非公有制企业进行各种形式的摊派、收费、行政勒索、不当管制。企业间三角债务层出不穷，难以清理，逃债、跑路现象时有发生。一些社会人员出于忌妒而对非公经济的财产进行破坏，如盗窃民营企业资产、盗伐私人林木等。二是资源获取的歧视。许多稀缺资源如土地和矿产等自然资源、电网和电信等特许经营权、政府投资项目等，国有企业容易获取，而个体私营经济却受到歧视，很难获得这些资源。大部分个体私营企业获得银行贷款也相当困难。三是市场准入的歧视。不但国有企业可以进入的许多领域，民营企业不能进入，甚至一些领域已经向国外资本开放，却限制本国民间资本进入。

二、市场体系不健全

健全的市场体系是市场有效发挥资源优化配置作用的关键。目前，我国市场体系建设取得长足进展，但是与社会主义市场经济的要求相比仍然存在较大差距。

首先，市场开放度不够，市场进入存在许多壁垒。不同市场主体的市场准入条件往往不同，许多行业和领域国有企业可以进入，非公有经济却不能进入。有些领域甚至行业外的国有企业也不能进入。目前主要市场壁垒包括：一是行政审批。汽车、钢铁等领域的投资经营需经行政机关审批，审批过程中人为设置了项目规模、技术标准等门槛，许多中小企业很难进入。二是特许经营权管理。在金融、烟草、公交、地铁等领域政府实行特许经营权管理，限制了一般企业的进入。三是隐性壁垒。即使政府出台了原则性的准入规定，实际操作中却存在各种隐性障碍，形成民营企业看得见却进不去的“玻璃门”。如一些垄断行业表面上已经放开，允许非公有制经济进入，实际上却以资本实力、技术条件和从业资历等为理由将非公有制经济挡在门外。由于非公有制经济在许多领域都是初次进入，需要通过审批，一些政府部门在企业注册、征地、取得经营许可证、投资立项等方面对非公有制经济进行比较苛刻的审批，实际限制了非公有制经济的进入。各种市场壁垒限制了市场竞争，影响了资源配置效率。

其次，市场竞争公平性不够，市场秩序比较混乱。社会主义市场经济法律法规和政策体系不够完善。一些地方政府出于地方保护主义的需要，制定有利于本地企业的标准，或为了吸引投资，实行各种不当优惠政策，破坏了公平竞争的环境。同时，社会诚信体系建设滞后，市场执法和监督不力，各类商业欺诈行为惩处力度较弱，违法成本过低，导致不正当竞争行为频繁发生。不正当竞争行为广泛存在于生产、流通、服务等多个领域。很多企业将违规违约视为常态，偷税漏税、会计造假等屡见不鲜，价格欺诈、价格合谋、掠夺定价、价格歧视等屡禁不止，恶意违约、逃债等比比皆是。尤其是一些企业制假售假，毒奶粉、地沟油、瘦肉精等影响食品安全的案件以及药品、电梯等质量安全事故频发，严重损害了广大人民群众的切身利益甚至生命健康，影响极其恶劣。据统计，2012年我国工商机关立案查处侵权假冒案件多达12万件，向司法机关移送涉嫌犯罪大案1576件，与2010年相比翻了两番多。各种不正当竞争行为严重扰乱了市场秩序。

第三，价格形成机制不完善，部分领域价格尚未理顺。一些领域市场决定价格的机制还不完善，政府定价仍然较为普遍。长期以来，我国水、电、煤气、天然气和成品油等资源类产品实行的是政府定价或指导价，市场参与程度偏低，致使价格长期处于低位，既不能反映资源的稀缺程度和环境破坏成本，又不能反映资源产品的市场供求关系。资金、土地、医疗卫生、公用事业、环境领域和垄断行业的价格形成机制也不健全，价格长期扭曲。扭曲的价格导致资源错配置、结构失衡和粗放发展，严重影响了市场优化配置资源作用的有效发挥。

第四，要素市场发育不充分，各种要素的配置效率偏低。农村土地制度改革滞后，国有土地和农村集体土地同地不同权，农村集体建设用地产权不明晰，权能不完整，其流转、租赁、抵押等受到种种限制。政府对城市建设用地一级市场实行独家垄断，征地程序不规范，补偿不合理，造成土地价格扭曲和低效配置，并引发拆迁难、房价高等社会问题。正规金融市场与地下金融市场“双轨”并存，民间资本创办金融机构受到严格限制，资金需求与供给严重脱节。金融企业的公司治理、内部控制和风险管理有待进一步提高，政府出资人职能相对分散弱化，金融企业内部人控制现象较为严重，创新能力不足，国际竞争力不够强。政策性银行存在逐渐放弃发展传统政策性金融机构、弱化政策性金融活动的倾向，在推动商业化转型上操之过急。利率和汇率尚未完全市场化，人民币尚未实现资本项目可兑换。金融监管机制与协调存在问题，过度监管与监管不足的问题同时并存，分业监管与综合经营的矛盾开始显现。劳动力市场发展不平衡，地区分割问题突出。不同地区间就业公共服务供给不均等，许多地方户籍限制十分严格，各种就业歧视现象依然存在，严重阻碍了劳动力的自由流动和人力资源的有效配置。科技体制改革滞后，技术创新市场导向机制不健全，企业在技术创新中的作用没有得到充分发挥，知识产权保护不力，技术创新激励机制不完善，制约了技术市场的发展。

第五，商品市场发展也存在一些问题。公益性商品流通基础设施匮乏。我国商品流通基础设施大多是政府监管、企业出资、市场化运营，导致基础设施的过度商业化开发，不仅抬高了商品流通成本，提高了商品最终销售价格，也影响了商品流通效率。商品流通企业税负也偏重。商品在流通过程中，企业需要缴纳消费税、增值税、营业税、企业所得税、城市维护建设税、印花税、车船使用税、城镇土地使用税等多项税收，此外还要负担教育费附加、地方教育费附加等各类收费，这些税费叠加使流通费用占到商品总成本的50%以上，大大增加了流通成本。部分消费品如住宅、部分农产品等出现资本品化的倾向，价格上涨过快。

三、对外开放面临新挑战

改革开放以来，我国通过实行对外开放，成功通过融入全球市场体系，极大地促进了我国的经济发展和资源配置效率的提高。但是，随着国内外经济形势的变化，当前对外开放的不平衡、不协调和不可持续等问题比较突出，对外开放体制的许多方面已不能适应国内外形势和开放型经济发展的需要，影响了国内市场与国际市场的深度融合。

第一，外商投资管理体制建设滞后。改革开放以来，我国引进和利用外资取得很大成就，但是，随着国内外经济形势的变化，外商投资管理体制亟待改革和创新。一是正面清单管理模式越来越滞后于对外经贸发展的需要。长期以来，我国外资管理一直采取逐案审批和产业指导目录的模式，并在一些领域实行与内资企业不同的法律法规。这种“正面清单”管理模式较之许多国家实行的“负面清单”管理模式，审批环节较多，政策稳定性不够，行政成本和营商成本都比较高，亟须调整和改革。二是服务业开放不足。制造业在很长一个时期都是我国对外资开放的主要领域，而金融、电信、教育、文化、医疗、物流、设计、会计、电子商务等服务业领域开放程度不够。我国在入世时承诺开放88个服务业部门，占GATS规定的155个部门的57%，且对外资进入的方式、范围、股权占比等都有严格限制。三是一般制造业中的外商投资多集中于中低端制造和组装环节，外商在华投资企业虽然也有一些高技术企业和研发机构，但主要是将加工制造中的劳动密集型环节和附加价值低的生产放在我国，而核心技术和高附加值生产环节则留在本国和母公司中，使我国制造业总体上处于全球产业链的低端。四是外商投资区域分布不平衡。外商投资主要集中在东部沿海地区特别是珠三角、长三角、环渤海和闽东南地区，占外商投资项目数和投资金额的80%以上。而中西部地区外商投资比重相对较低。

第二，对外投资管理体制亟待创新。近些年来，我国对外投资年均增长速度在40%以上，目前已经跻身世界对外投资大国之列。但是，我国现行对外投资管理体制越来越不能适应对外投资快速发展的新形势。对外投资审批程序繁杂，缺乏效率和透明度。我国企业对外投资须经商务部、发改委和外汇管理局审核批准。国企对外投资还要经过上级主管部门和行业管外部门审批。这些审批对于防范投资风险是必要的，但也存在审批时间不确定、审批目的不明确、审批标准不透明等问题，有些部门审批时间拖得较长。对外投资的金融支持力度不够。特别是中小国有企业或民营企业对外投资很难获得银行贷款，通过发行股票、债券等直接融资，门槛又较高。对外投资的服务体系不完善，我国政府驻外机构包括驻各国使领馆的经商处，在为投资企业提供微观信息、帮助企业解决与投资所在地的各类纠纷等方面能力有限，不能有效提供相关服务；对外投资的保险业务匮乏，不利于企业规避海外投资风险。对外投资利益保护机制也不健全，当企业海外投资经营在当地遇到阻力或发生争端时，缺乏足够的支持，企业利益得不到必要的保护。

第三，对外贸易失衡问题比较突出。我国加入WTO后，对外贸易发展迅速。2013年，我国货物进出口总额4.16万亿美元，已经超过美国成为世界货物贸易第一大国。但贸易失衡问题一直比较突出。出口与进口长期失衡。由于我国一直实行鼓励出口政策，重出口而轻进口，出口长期大于进口，对外贸易长期保持顺差。2013年，我国货物出口额2.21万亿美元，进口额1.95万亿美元，顺差2600亿美元。而且出口市场过于集中，欧盟和美国一直是我国主要出口市场和贸易顺差来源。货物贸易与服务贸易也存在失衡，服务贸易严重滞后于货物贸易。在货物贸易长期保持顺差的同时，服务贸易却出现逆差。货物贸易与服务贸易相互促进作用并不显著，货物贸易对服务贸易发展，特别是对服务贸易出门的带动作用尚未充分发挥，货物贸易进一步拓展所需的高端优质服务基本上通过从外国进口实现，没有形成对服务贸易发展的有效支撑。

第四，国际经济区域一体化带来新挑战。加入WTO使我国对外贸易蓬勃发展，美国为了捍卫全球贸易霸主地位和实现经济“再平衡战略”，通过主导新一轮经济区域一体化来围堵我国。一方面，美国与环太平洋国家商订“跨太平洋伙伴关系协定”（TPP），目前TPP已有新加坡、新西兰、智利、文莱、美国、澳大利亚、秘鲁、越南、马来西亚、加拿大、墨西哥和日本等12个成员国。另一方面，美国与欧盟商订“跨大西洋贸易与投资伙伴关系协定”（TTIP），组建全球最大的经济自由区。通过TPP、TTIP，美国试图拉拢欧盟和日本等国另起炉灶，建立超越WTO的全面性经贸自由区。在TPP、TTIP构建过程中，美欧日等国设立双向互惠的高规格经营投资保障条件，并以决定技术标准、服务及产品规格、环保指标的方式，组建有利于美欧等自由经济体的全球贸易规则，通过打造以较高的劳工、环境、知识产权保护标准为堡垒的市场准入屏障，使我国等相对滞后国家因不能达到这些标准而无法加入。如果TPP、TTIP协定最终达成，除我国等少数国家之外，全球主要经济体都进入到这两大贸易区内，届时我国处境将十分被动，我国对外贸易将经受前所未有的挑战。

四、政府经济职能转变滞后

改革开放以来，政府职能的转变虽然取得很大进展，但是仍然受到诸多因素的制约，计划经济时期的“全能”型政府的某些影响仍然残留下来，政府职能转变仍滞后于市场经济发展和资源配置的要求。

首先，政府审批事项仍然较多。2001年以来，国务院先后对审批项目进行了六轮清理，共取消和调整审批项目2497多项，占原有审批项目总数的近69.3%。但是，目前审批范围仍然过宽，权力仍然过于集中。到2013年年初，国务院部门仍有行政审批事项1700多项，其中有一多半是涉及对生产经营活动的审批，仅工业产品这一项就有64类需要进行生产许可。审批程序烦琐，审批周期过长。2013年初需报国务院投资主管部门的投资项目仍有55类（项），审批核准的条件有20多项，一般需要3—5年才能获批，严重束缚了投资创业的积极性和市场活力。非行政许可审批问题也比较突出。一些部门和地方利用“红头文件”、规章等对公民、企业和其他社会组织进行限制性规定。评比表彰评估项目过多过滥，尤其是一些未经批准、私自设立的违规评比表彰活动，拿钱买奖、乱发财物、变相摊派，严重干扰了市场秩序。

其次，宏观调控体系仍然带有传统体制的某些烙印。一是调控手段行政化。宏观调控本来应当主要采用经济手段，在尊重市场规律的基础上因势利导，才能实现高效率的市场供求平衡。但在现实中，市场化调控工具尚不完善，行政干预手段使用仍然较多，如通过行政审批、土地控制、行政手段关闭等多种行政手段对钢铁产能进行调控，通过控制土地供应、限购令、提高首付比例、提高交易费用等多种行政手段调控房价等等，但是调控效果并不理想。二是短期政策长期化。宏观调控本来是短期政策，目的是减小市场短期波动，熨平经济周期，但在现实中，政府频繁干预经济，使短期政策长期化、常态化，结果不仅解决不了问题，还对经济发展产生很大的负面作用。

三是政绩考核指标片面化。在政绩考核指标体系中，过度偏重经济增长速度，而对体现经济发展质量和效益、就业与民生、科技创新、安全生产、生态建设等方面的指标仍然不足，影响了宏观调控的整体效果。

第三，财税体制有待进一步完善。分税制财政体制改革后，总体上取得很大成绩，但是也积累了一些问题。一是中央地方事权和财权划分存在问题。中央和地方事权和支出划分不清晰和不规范，地方承担了一部分应由中央承担的支出，如涉及国家安全的国际界河保护和跨流域大江大河治理、涉及市场公正统一的跨区域司法管理、部分国防与外事支出等；一些应由地方全额承担的支出，如医疗保险、社会救济等，中央安排了专款补助；应由中央和地方共同分担的支出，如教育、文化、科学、医疗卫生等，更是出现了界限不清的问题。中央和地方的收入划分如个人所得税、资源税的划分，也存在一些问题。这些都影响了中央和地方公共服务的提供。二是税收结构不合理，征管不规范。税种设置缺乏整体和统筹考虑，对货物和劳务分别征收增值税和营业税，导致重复征税，环境税制度尚未建立。税收调节收入分配的功能弱化，消费税征收面较窄，所得税、房产税等不完善。税收优惠制度不规范。三是预算管理制度不规范。现行审核预算的重点在收支平衡而不在规模与政策，容易造成预算执行“顺周期”问题。现行重点支出挂钩机制导致财政支出结构固化僵化。转移支付制度也不够完善，项目繁多，资金分散。

第四，生态环境保护不力。随着我国经济的快速发展，对自然资源的索取与日俱增，二氧化碳、二氧化硫等排放使大气污染呈上升趋势，工业废水和生活污水排放导致严重的地表水污染，植被破坏、水土流失、土地荒漠化等问题日益突出，生态环境保护面临十分严峻的形势。市场由于存在外部性失灵，很难完全依靠市场来有效解决环境问题，必须由政府出面，采取切实措施保护脆弱的生态环境。但是一些地方政府片面追求经济发展，忽视环境保护，甚至还在一定程度上助长了破坏生态环境的行为。如一些地方政府采取土地优惠、税收优惠、先征后返、财政补贴、电价优惠、降低环保标准等进行招商引资，工业用地、水资源、能源等的价格偏低，导致资源过度开发和环境破坏。生态环境保护方面的制度建设滞后，自然资源资产产权制度不健全，用途管制不严格，没有建立完善的排污许可制、严密的监管制度和严厉的责任追究制度，对一些不法企业的偷排、超排行为惩处不力。

第五，公共管理职能弱化。政府对微观经济事务管得过多过细，管了许多管不了、管不好、不该管的事情，分散了政府的资源和精力，弱化了政府的公共管理职能。政府在制定和实施发展战略、规划、政策、标准等方面的职能有待加强。保证市场有效运行的法律法规和政策体系尚不完善，对各种扰乱和破坏市场秩序的行为监督和惩处不力。公共产品和服务提供方式单一，政府直接提供较多，社会力量参与的动员不够。建设服务型政府和法治政府仍然任重而道远。此外，政府机构设置、职能配置等方面也与服务型政府要求不相适应。

五、民生保障中政府缺位

保障和改善民生，促进社会公平正义，是政府的重要职责，但是目前政府在这方面的职责存在一定缺失。

第一，教育事业发展与人民群众需要存在较大差距。教育投入仍不能满足教育事业发展的需要。地区之间、城乡之间教育资源分布不均，农村、边远、贫困、民族地区的教育相对落后，教育发展不平衡问题仍然突出。职业教育发展滞后，难以满足经济发展的需要。应试教育问题未得到根本解决，学校、家庭和社会片面追求升学率的现象仍然比较普遍。教育内容存在缺位，重视理论教育轻视实践锻炼、重视知识传授轻视能力培养，造成一些学生“高分低能”。教育管理体制落后。

第二，促进就业创业的体制机制不健全，结构性就业矛盾比较突出。当前我国结构性就业矛盾主要表现为：一线生产人员短缺与二线非生产人员过剩并存，青壮年劳动力短缺与中老年劳动力过剩并存，中低文化程度劳动力短缺与大学生过剩并存。尤其是大学生就业难问题引发社会广泛关注，2014年高校毕业生达到727万人，创历史新高，大学生就业面临前所未有的严峻形势。但是我国促进就业创业的体制机制仍然很不健全，如就业公共服务机构发展不平衡，就业教育和培训体系难以满足就业需要，户籍制度改革举步维艰，支持和鼓励创业的政策滞后等，制约了就业水平和质量的提高。

第三，收入调节机制不健全，贫富差距较大。改革开放以来，城乡居民收入显著提高，但是收入差距存在扩大趋势，特别是城乡之间、不同地区之间、不同行业之间收入差距还比较大。收入分配差距扩大有一定的客观因素，我国城乡之间、不同区域之间、不同群体之间资源禀赋差异很大，在市场主导的初次分配中，就会出现一部分地区和一部分人的财富较快积累、居民财富差距扩大的问题。在这种情况下，就需要政府的再分配来对收入进行调节。但是，目前我国再分配领域改革仍然滞后，调节机制不完善。税收调节收入分配功能较弱。现行个人所得税难以充分发挥调节作用，财产税、房产税等税制不健全，不能发挥对存量财产调节作用。财政支出用于基本公共服务的比重偏低，均衡性转移支付比例较低。社会保障体系不健全，城乡和不同社会群体之间的保障水平差别较大。这些都制约了收入差距问题的有效解决。

第四，社会保障体系还不完善。社会保障还未实现完全覆盖，总体保障水平不高，城乡间、不同群体间社会保障待遇差距仍然较大，社会保障的公平性有待提高。社会保障管理体制分割，城乡医疗保险分别由不同的部门管理，制度、机制间缺乏衔接和协调，存在重复参保和政府重复补贴、机构重复建设、资源浪费等问题。社会保险费征收体制不一，征收机构由省级政府各自确定，导致社会保险管理环节脱节。社会保险的统筹层次仍不高，不利于在更大范围分散风险。城乡低保、医疗救助与社会保险之间尚需统筹安排和搞好衔接。社会保障基金长期平衡及保值增值压力大，结余积累的社会保险基金只能存银行、买国债，投资渠道窄，保值增值困难，影响社会保障的可持续性。社会保障管理服务体系不能适应发展的要求，随着社会保障制度覆盖人群的快速扩大，特别是向农村的延伸，基础建设薄弱、人员配备不足、能力建设滞后的问题越来越突出。

第五，医疗卫生事业发展滞后。医疗卫生事业总体水平较低，发展不平衡。2012年我国卫生总费用占国内生产总值的比重为5.5%，明显低于世界8.5%左右和发达国家10%以上的平均水平；个人卫生支出在卫生总费用中的比重仍在35%左右，大大高于世界20%以下和发达国家平均15%以下的平均水平。城乡和区域医疗卫生发展不平衡，公共卫生、基层和农村医疗卫生薄弱，看病难特别是到大医院看病难、看病贵特别是群众看病负担重等问题亟待解决。随着社会生产方式和居民生活环境快速变化，疾病模式呈现出前所未有的新特点，传统传染病、新发传染病、慢性非传染性疾病等多重疾病并存，意外损害、食品安全等各类危险因素交织，居民健康需求也呈现多层次多样化的特点，而医疗卫生发展总体上仍滞后于经济社会发展，医疗资源尤其是优质资源仍严重短缺，供需矛盾突出。医疗卫生体制改革滞后，医疗卫生体制机制障碍与医疗卫生发展方式转变之间的矛盾日益突出，尤其是以药补医机制尚未消除，不仅干扰医疗正常秩序，也影响国民身体健康。

六、进一步调整政府与市场关系的重要性

政府与市场关系中存在的局限性制约了资源配置效率的进一步提高，阻碍了经济发展方式的转变，使我国经济发展中积累了越来越多的矛盾和问题，突出表现为经济增长乏力，经济发展的不平衡、不协调、不可持续性问题日益严重。2010年以来，我国经济增长率持续下降，2010、2011、2012年经济增长率分别为10.4%、9.3%、7.8%。2013年经济增长率降至7.7%，为近14年最低。2014年一季度经济增长率继续下降，为7.4%，即使完成全年7.5%的目标，也将是自1991年以来的最低水平。与此同时，环境污染、就业、收入差距、食品安全等问题也日益突出。

当前经济发展中之所以出现诸多问题，从根本上说，还是一些领域的改革滞后，尤其是经济体制改革中政府与市场的关系调整不到位，不少领域仍然存在政府缺位和越位，市场的作用没有得到充分有效的发挥。只有继续深化经济改革，使市场在资源配置中起决定性作用和更好发挥政府作用，让市场在资源配置中各司其职、各归其位，进一步激发经济主体的活力和创造力，提高资源配置效率，才能突破资源环境制约，实现经济的可持续发展；才能有效地应对国际经济环境新变化，形成参与和引领国际经济合作竞争新优势；才能切实推动自主创新，实现经济结构调整和产业升级；才能进一步保障和改善民生，促进社会的和谐发展；才能实现全面建成小康社会的宏伟目标和中华民族伟大复兴的“中国梦”。因此，按照社会主义市场经济的要求，进一步调整政府与市场的关系，具有极大的重要性和紧迫性。

第五章 2014—2020年政府与市场关系调整的政策取向

从当前到2020年，是我国改革和发展的关键时期，是全面建成小康社会的决定性阶段。党的十八届三中全会明确了这一时期经济体制改革的核心问题是处理好政府与市场的关系，并对重点经济领域的改革作了全面部署，为政府与市场关系的调整指明了方向。

第一节 政府与市场关系调整的指导方针和目标任务

一、2014—2020年政府和市场关系调整的指导方针

2014—2020年调整政府和市场关系的指导方针是：使市场在资源配置中起决定性作用和更好发挥政府作用。凡是市场机制能够有效发挥作用的领域都要让市场充分发挥作用，政府不进行不当干预。同时，政府在其职责范围内更好地发挥作用。

政府和市场关系问题，实际上就是在资源配置中是市场起决定

性作用还是政府起决定性作用的问题。经济发展的目标是提高资源尤其是稀缺资源的配置效率，以尽可能少的资源投入生产尽可能多的产品、获得尽可能大的效益。理论和实践都证明，市场配置资源是最有效率的形式。市场决定资源配置是市场经济的一般规律，市场经济本质上就是市场决定资源配置的经济。改革开放以来，我国社会主义市场经济体制已经初步建立，市场化程度大幅度提高，我们对市场规律的认识和驾驭能力不断提高，宏观调控体系更为健全。但仍存在不少问题，主要是市场秩序不规范，以不正当手段谋取经济利益的现象广泛存在；生产要素市场发展滞后，要素闲置和大量有效需求得不到满足并存；市场规则不统一，部门保护主义和地方保护主义大量存在；市场竞争不充分，阻碍优胜劣汰和结构调整，等等。这些问题不解决好，完善的社会主义市场经济体制就难以形成，当前经济社会发展中面临的许多突出矛盾和问题就难以解决。

党的十八届三中全会提出“使市场在资源配置中起决定性作用”，把党的十四大以来一直坚持的市场在资源配置中起“基础性作用”修改为“决定性作用”，这是处理政府和市场关系的指导方针上的一个重大突破。市场在资源配置中起“决定性”作用有以下含义：第一，商品价格由市场供求决定。凡是能由市场形成价格的都交给市场，政府不进行不当干预。政府定价范围主要限定在重要公用事业、公益性服务、网络型自然垄断环节。第二，资源配置由市场机制决定，凡是在资源配置中市场机制能够有效发挥作用的领域，政府不进行不当干预。第三，市场主体经营活动的好坏都由市场决定，在市场竞争中优胜劣汰，政府不厚此薄彼，干预市场主体的行为。

当然，市场在资源配置中起决定性作用，并不是起全部作用。发展社会主义市场经济，还要更好地发挥政府作用。政府的职责和作用主要是：保持宏观经济稳定，加强和优化公共服务，保障公平竞争，加强市场监管，维护市场秩序，推动可持续发展，促进共同富裕，弥补市场失灵。

二、2014—2020年政府和市场关系调整的目标任务

2014—2020年政府和市场关系调整的目标任务是：围绕使市场在资源配置中起决定性作用和更好发挥政府作用，进一步培育市场主体，完善现代市场体系、宏观调控体系、开放型经济体系和社会保障体系，推进政府职能转变，推动经济更有效率、更加公平、更可持续发展。到2020年，在重要领域和关键环节改革上取得决定性成果，形成系统完备、科学规范、运行有效的制度体系，使各方面制度更加成熟更加定型。具体目标任务如下：

首先，各类所有制经济都成为符合市场经济要求的市场主体。在公有制经济主体地位保持不变的同时，混合所有制经济得到充分发展，国有企业形成完善的现代企业制度，国有经济活力、控制力和影响力大大增强；对非公有制经济的各种不合理规定被废除，非公有制经济实现健康发展，其经济活力和创造力得到充分释放。

第二，统一开放、竞争有序的现代市场体系基本建立。公平开放透明的市场规则和主要由市场决定价格的机制全面形成，城乡建设用地市场、金融市场和技术市场建设取得决定性进展，企业自主经营、公平竞争，消费者自由选择、自主消费，商品和要素自由流动、平等交换的现代市场体系基本建立。

第三，开放型经济新体制基本形成。外贸管理体制、外商投资管理体制和对外投资管理体制改革取得决定性进展，负面清单管理模式基本建立，自由贸易园（港）区取得显著发展，自由贸易区建设实现重大突破，内陆沿边开放进一步扩大，参与和引领国际经济合作竞

争新优势基本形成。

第四，政府经济管理职能更加健全。政府基本退出了对微观经济活动的干预，宏观调控体系更加完善，法治政府和服务型政府建设取得重要进展。现代财政制度基本建立，中央和地方的事权与财权划分更加合理。系统完整的生态文明制度体系基本形成，最严格的源头保护制度、损害赔偿制度、责任追究制度、环境治理和生态修复制度建立起来。

第五，政府促进公平职能进一步强化。教育、文化、医药卫生事业取得显著发展，促进就业创业体制机制进一步健全，合理有序的收入分配格局基本形成，更加公平可持续的社会保障制度建立起来，发展成果更多更公平惠及全体人民。

要实现上述目标任务，还必须按照政府与市场的调整方针，针对当前政府与市场在资源配置中存在的问题，采取切实有效的调整政策。下面具体论述政府与市场关系调整的主要政策。

第二节　进一步培育市场主体

发育完善的市场主体是市场有效发挥优化资源配置作用的前提。必须进一步深化国有企业改革，提高国有企业的效率和市场应变能力，增强国有企业活力、控制力和影响力；同时鼓励、支持和引导非公有制企业发展，激发非公有制企业活力和创造力，使各类市场主体更加适合市场经济的要求。

一、完善产权保护制度

产权主要是指财产权或财产权利，是以财产所有权为主体的一系列财产权利的总和，包括所有权及其衍生的占有权、使用权、经营权、收益权、处置权、让渡权等权利，产权具有排他性的特征。在市场配置资源的条件下，只有产权得到严格保护，产权的外部性消除，市场主体才会按照市场信号的指引，最有效地经营和使用自己的资产，在经济活动中作出最优选择，从而实现资源的最优配置。如果产权得不到应有的保护，就会挫伤市场主体有效经营资产、提高经济行为效果的积极性，从而降低资源配置的效率。因此，必须建立严格的产权保护制度。

改革开放以来，随着经济的发展和改革的深化，不仅国有、集体等公有制企业的财产不断增加，个体、私营、外资等非公有制经济主体的财产也迅速增加，形成公有制为主体、多种所有制经济共同发展的格局。在社会主义市场经济发展过程中，各种资本流动、重组和融合日益频繁，对产权保护提出十分紧迫的要求。我国法律保护社会主义的公共财产和公民合法的私有财产。我国《宪法》第12条规定："社会主义的公共财产神圣不可侵犯。国家保护社会主义的公共财产。禁止任何组织或者个人用任何手段侵占或者破坏国家的和集体的财产。"《宪法》第13条规定："公民的合法的私有财产不受侵犯。国家依照法律规定保护公民的私有财产权和继承权。"《物权法》第4条规定："国家、集体、私人的物权和其他权利人的物权受法律保护，任何单位和个人不得侵犯。"虽然法律上明确规定公有制企业财产权和非公有制企业财产权具有平等的法律地位，受到法律的保护，但是在现实中，我国的产权保护尤其对非公有制经济产权的保护还存在许多问题。必须更加明确公有制企业财产权不可侵犯，非公有制企业财产权同样不可侵犯，进一步完善产权保护制度，保护各种所有制企业产权和合法利益，保证各种所有制企业依法平等使用生产要素、公开公平公正参与市场竞争、同等受到法律保护。现阶段完善产权保护制度的一项重要工作，就是加强对非公有制企业合法权利的司法保护，特别是在非公有制经济主体与公有制经济主体发生经济纠纷时，要树立公平公正执法观念，不得对非公经济主体采取歧视态度。

二、发展混合所有制经济

国有资本、集体资本和非公有资本交叉持股、相互融合的混合所有制经济，是社会主义基本经济制度的重要实现形式。发展混合所有制经济有利于解决国有产权所有者非人格化问题，有利于国有资本放大功能、保值增值和提高竞争力，有利于各种所有制资本取长补短、相互促进和共同发展。改革开放以来，各种民间资本和居民储蓄存款大幅增长，要求拓宽投资渠道，也为发展混合所有制经济创造了有利条件。发展混合所有制主要从以下几方面入手：

首先，允许非国有资本参股国有资本投资项目。尽快在金融、石油、电力、铁路、电信、资源开发、公用事业等领域向民间资本推出一批符合产业导向、有利于转型升级的项目，形成示范带动效应，并在推进结构改革中发展混合所有制经济。

其次，允许混合所有制经济实行企业员工持股。让企业员工拥有更多的财产权，将按劳分配与按要素分配结合起来，形成资本所有者和劳动者利益共同体，有利于调动广大企业员工的积极性，促进共同富裕。国有企业在发展混合所有制时，不仅要允许外部投资者入股，也要允许企业内部员工持股。外部人持股和员工持股都是发展混合所有制的重要手段，对两者要一视同仁。20世纪八九十年代我国曾经进行过国有企业员工持股的探索，取得一定效果。要在总结以往经验的基础上，推进企业员工持股的规范操作。

第三，改革和完善国有资产管理体制。现行的国有资产授权经营体制是各级国有资产监管部门将国有资产授权给大型企业、企业集团和控股公司经营管理，行使出资人权利。随着国有企业股份制改革的深入和国有资产的资本化、证券化，现行体制亟须改革和完善。要明确国有资产监管部门的职能主要是优化国有资本配置和实现国有资本保值增值，改革国有资本授权经营体制，以管资本为主加强国有资产监管。通过划拨现有国有企业股权组建一批国有资本运营公司。公司原则上保持国有独资形态，以股东身份专门从事国有资本经营，而不直接从事商品或劳务经营管理活动。有条件的国有企业还可以改组为国有资本投资公司，以投资融资和项目建设为主，通过投资实业拥有股权和履行出资人职责，来实现国有资本保值增值的目标。

第四，进一步调整国有经济布局。国有资本更多投向关系国家安全、国民经济命脉的重要行业和关键领域，重点提供公共服务、发展重要前瞻性战略性产业、保护生态环境、支持科技进步、保障国家安全。国有经济布局的调整分四种情况进行。一是涉及国家安全的国有企业如军工、航天、核电等领域的国有企业，可以采用国有独资的形式。这一类的国有企业数量较少。二是涉及国民经济命脉的重要行业和关键领域的国有企业，如电网、机场、铁路、石油天然气开采等国有企业，可以保持国有绝对控股。三是涉及支柱产业、高新技术产业等行业的重要国有企业，可以保持国有相对控股。四是一般竞争性领域的国有企业，如农林牧副渔、建筑、纺织、食品、电气机械、通用设备等国有企业，无须国有资本控制，比较适宜由社会资本控股，国有企业可以采取国有参股的形式，或者可以全部退出。

第五，划转部分国有资本充实社会保障基金。这样做不仅有利于弥补社会保障基金的不足，而且有利于推动国有企业产权多元化，提高公司治理水平。2009年我国已将上市公司国有股的10%划归全国社保基金转持，至2011年底，已划归社保基金的国有股权为2119亿元，占全部社保基金财政性收入的43.1%。目前国有企业（不包括国有金融类企业）净资达30.4万亿元，其中仅国有中央企业净资产总额就达16.1万亿元，其补充社会保障基金的潜力远没有发挥出来。国有资本划转社保基金对资产证券化程度的要求比较高，可以从上市国有企业入手进行划转工作，并提高国有股划拨社保基金的比例。可考虑把国有资产首次发行股票时划转给社保基金的比例由目前的10%提高到30%左右。

第六，提高国有资本收益上缴公共财政比例。我国保障和改善民生需要大量资金，据估算，“十二五”时期我国实行基本公共服务均等化所需财力约20万亿元，其中增量财力约9.3万亿元。而国有资本收益上缴公共财政比例偏低。目前，国有资本收益上缴公共财政的比例分为4类：烟草类企业上缴比例为20%，资源垄断类企业为15%，一般竞争类企业为10%，军工科研类企业为5%。2012年中央企业国有资本收益上缴公共财政比例平均为8.27%，而在国际上国有企业平均分红率一般为30%—50%。我国国有资本收益上缴比例明显偏低，应当逐步提高，到2020年提高到30%，更多用于保障和改善民生。

三、推动国有企业完善现代企业制度

国有企业是我国国民经济的主导力量，是社会主义市场经济体系中的重要市场主体，必须以完善现代企业制度为目标，以规范经营决策、公平参与竞争、提高企业效率、增强企业活力为重点，进一步深化国有企业改革，完善法人治理结构，使国有企业更加适应市场化和国际化新形势。

首先，完善董事会制度。严格按照《公司法》规定的程序召开股东大会，选举董事，组成董事会，对国有独资公司，国资委也应有规范而严格的选拔程序，彻底消除董事会产生的随意性，以及董事长兼任总经理、董事会成员与经理层高度重合的现象，真正建立和完善董事会和经理层之间的委托代理关系。优化董事会的结构和功能，提高董事的经营管理水平和业务素质。实行独立董事制度，适当增加独立（外部）董事比例。对于职工董事必须从制度上保证由职工代表大会选举产生。同时强化董事会的决策支持系统，在董事会内部设立诸如提名与薪酬委员会、战略发展委员会、审计委员会、风险评估委员会等专门组织，董事会要充分利用各专业委员会对企业实行有效治理和科学管理。完善董事会决策机制，实行集体决策制度，既要防止董事长独断专行，也要防止内部合谋行为。董事会内部要建立起效率评价和责任追究制度，董事要重点履行好受托职责和看管职责，并应以个人身份为企业承担责任。建立和完善董事的信息披露制度，以确保企业法人治理结构更加透明。

第二，健全职业经理人制度。实行经理层由董事会选聘和市场化配置。董事会独立地选聘经理，有利于建立经理对董事会负责的制度，实现董事会对经理层的制衡。应建立符合现代企业制度要求的国有企业高层经营管理人员市场选聘机制，积极促进职业经理人市场的发育和完善，为董事会选聘经理提供有力的保证。在选拔工作中要突出道德素质、专业水平以及管理能力等方面要求，还要在经理与企业之间形成真正的劳动合同法律关系，加强经理的责任感和使命感。建立健全对经理层的激励机制，在建立科学的绩效考核体系的基础上，积极推行年薪制、持有股权、股票期权等分配方式，并根据企业的规模、性质等情况有区分地确定经营者的报酬。同时，公司经营者的报酬应与公司经营业绩相挂钩，对经营者的贡献给予应有的回报和奖励；对不能按期完成业绩指标的，应相应扣减其报酬或所拥有的股份。加强经营人才队伍建设，推动经营人才向职业化发展，鼓励他们把经营好企业作为终生追求。建立对经理人员的约束机制，避免产生“内部人控制”现象，做到把经理人员的活动严格控制在董事会委托授权的范围内，建立相应的问责制和业绩评估制，防止经理人员在企业经营过程中出现“逆向选择”和“道德风险”。

第三，强化监事会的职能。健全企业监督约束机制，真正发挥监事会的作用。建立健全国有企业监事会的选拔考核和责任追究制度。监事应忠实公正地履行职责，熟悉企业的生产经营和财务管理，不但要认真检查公司财务，保障公司利益和公司业务活动的合法性，还应监督、纠正董事和公司经理层的行为，并将有关情况如实向股东大会报告。要保障监事会的独立性，赋予监事会一定的罢免管理人员的权限，建立监事会与监管机构的独立汇报路线。牢固树立监事会对股东负责的法律观念，建立和完善监事会的责任机制和约束机制，明确职权和法律责任。引进外部监事制度，可由外部监事和内部监事共同组成监事会。

四、支持非公有制经济健康发展

非公有制经济和公有制经济一样，也是社会主义市场经济的重要组成部分，是重要的市场主体，在我国经济社会发展中具有不可替代的作用。必须大力支持非公有制经济健康发展。

首先，破除阻碍非公有制经济健康发展的所有制歧视。非公有制经济产权明晰，具有很强的市场适应力和活力，在支撑增长、促进创新、扩大就业、增加税收、优化资源配置等方面具有重要作用。目前非公有制经济对我国GDP的贡献率已超过60%，发明专利约占全国的65%，技术创新约占全国的70%，新产品占全国的80%以上，上缴税收占财政新增税收的69%。非公有制经济还是我国就业的主渠道，吸纳了80%的城镇就业人员和90%的新增就业人员。

但是，长期以来，在一些人的思想认识中对非公有制经济带有某种偏见和歧视，特别是认为非公有制经济存在“剥削”，与马克思和恩格斯设想的社会主义相悖。其实，马克思和恩格斯所描述的社会主义是建立在生产力高度发达基础上的。而我国的社会主义是从生产力极不发达的起点开始的，社会主义建设的路线、方针和政策，包括对非公有制经济及其“剥削”问题的认识，都必须立足于我国长期处于社会主义初级阶段这个最大实际，而不能脱离这个实际。早在20世纪50年代，刘少奇就批评说，“不准剥削”是脱离中国实际的教条主义。党的十八届三中全会提出“公有制经济和非公有制经济都是社会主义市场经济的重要组成部分”，“必须毫不动摇地鼓励、支持、引导非公有制经济发展”。而要鼓励和支持非公有制经济发展，首先要进一步破除对非公有制经济种种歧视，强化对非公有制经济的正确认识，形成有利于各种所有制经济平等竞争、共同发展的思想和舆论氛围。

第二，建造有利于非公有制经济健康发展的公平环境。要坚持权利平等、机会平等、规则平等，废除对非公有制经济各种形式的歧视性政策和不合理规定。加快清理现行规章制度中与非公经济“36条”和“新36条”不一致的规定，在企业登记、税负、贷款、公司上市以及法院裁判等方面，对非公有制经济和公有制经济同等对待、一视同仁。统一市场准入制度，尽快制定合理的负面清单，按照“非禁即入”原则，各类市场主体可以依法平等进入清单以外的领域。打破行政垄断和经济垄断，破除地方保护主义，推进市场准入政策的公开化、公平化和规范化，扫除束缚非公有制经济发展的制度障碍。消除影响非公有制经济发展的各种隐性壁垒，打破各种“玻璃门”“弹簧门”。制定非公有制企业进入特许经营领域具体办法。我国特许经营的领域主要是公共交通及供水、供气、供热、垃圾污水处理等市政公用行业。近些年，我国出台了支持非公有制企业进入特许经营领域的政策，但是由于这些政策都缺乏可操作性，政策实施效果并不理想，实际进入特许经营领域的非公有制企业并不多。必须尽快制定可操作性强的具体办法，加快非公有制企业进入特许经营领域的步伐。妥善解决非公有制企业融资难问题。国有商业银行加大对非公有制企业的资金支持力度。鼓励民营资本进入银行业，保护和发展民营中小金融机构。设立针对中小企业贷款的政策性金融机构，对国有商业银行和其他金融机构对中小企业的贷款、投资项目进行支持和补贴。建立中小金融机构的存款保险制度，以利于中小金融机构开展业务。建立中小企业贷款担保公司，形成适合于中小企业的资产评估、资金信用、项目论证的中介服务体系和机制。推广中小企业综合金融服务平台试点经验，设置中小企业专职团队、专属流程、专项激励和专业平台，在客户分层的基础上为中小企业提供一揽子金融服务等。

第三，鼓励非公有制企业进行结构调整和制度创新。民营企业大多规模较小，劳动密集度较高，技术水平相对落后，处于产业链的低端。要鼓励和支持民营企业抓住国际产业重组的良机，利用国家产业政策导向，积极调结构、转方式、上水平，不断提升市场竞争力、抵御风险能力和可持续发展能力；进一步加大研发投入力度，加强对关键核心技术的开发和转化应用，努力掌握更多自主知识产权，培养更多自主品牌；积极投身新能源、新材料、节能环保、信息技术、生物工程、现代物流、航空航天工程等战略性新兴产业；推动企业发展与环境保护相协调，做好节能减排工作，抓紧淘汰高耗能、高排放的落后生产能力，广泛推行清洁生产和节能技术，大力发展绿色经济、低碳经济，积极推进产业升级。要促进民营企业制度创新。民营企业绝大多数是家族式企业，不少企业在治理结构、管理模式、经营理念、人才队伍建设等方面还亟待改进和提高。要鼓励发展非公有资本控股的混合所有制企业，实现资本社会化、分散化。鼓励非公有制经济通过收购、兼并、控股、参股等多种形式参与国有企业改革和重组，实现非公有制经济和公有制经济双赢发展。鼓励有条件的私营企业建立现代企业制度，完善内部治理结构，建立健全内部激励约束机制，提高科学决策水平和市场应变能力。鼓励私营企业加大人力资本投入，广泛吸纳人才，充分调动人才的积极性、主动性和创造性。鼓励私营企业建设内涵丰富、特色突出、员工认同的企业文化，使之成为企业可持续发展的动力。

第三节　健全现代市场体系

统一开放、竞争有序的现代市场体系是使市场在资源配置中有效发挥决定性作用的基本条件。要采取切实措施解决市场体系建设中存在的各种问题，加快形成企业自主经营、公平竞争，消费者自由选择、自主消费，商品和要素自由流动、平等交换的现代市场体系。

一、建立公平开放透明的市场规则

市场要规范有序地运行，必须有公平开放透明的市场规则。建立合理的市场规则主要从以下几方面入手：

首先，实行统一的市场准入制度。实行负面清单管理模式，即政府规定哪些经济领域不开放，除了清单上的禁区，其他行业和领域都可以自由进入，即所谓“法无禁止即可为”。并逐步减少清单上的项目，收缩政府的审批范围，减少政府自由裁量权和相应的寻租空间，充分发挥市场主体的积极性。

其次，推进工商注册制度便利化。削减资质认定项目，由先证后照改为先照后证，除涉及国家安全、公民生命财产安全外，创业者只要到工商部门领取一个营业执照，就可以从事一般性的生产经营活动，如果要从事需要许可的生产经营活动，再向主管部门申请。在等待许可期间，创业者可以着手开展招工、洽谈、签约、贷款等企业前期筹备工作。同时改革工商登记制度，把注册资本实缴登记制逐步改为认缴登记制，工商部门只登记公司认缴的注册资本总额，无需登记实收资本，不再收取验资证明文件，为创新、创业营造一个更好的政策环境。

第三，改革市场监管体制。实行统一的市场监管，清理和废除妨碍全国统一市场和公平竞争的各种规定和做法，严禁和惩处各类违法实行优惠政策的行为，反对地方保护主义。推动监管制度由经济性监管与前置性监管为主向社会监管与过程监管为主转变，建立以能源资源、环境保护、安全与质量为主要内容的社会性监管制度，注重过程监管，杜绝以批代管。加快行政审批制度改革，深入梳理现有的行政许可项目和非行政计划审批项目，坚决取消政府对不该管、管不了、管不好的事项的审批，改由市场调节。明确各级政府部门监管的范围、程序和责任，做到合理分工、职责明晰、相互制约、相互监督。

第四，完善社会征信体系。完善诚信道德规范体系，加强舆论引导和典型宣传，对于诚实守信的个人和单位进行广泛宣传和大力表彰，培育诚实守信的社会氛围。培育信用中介组织，大力发展信用评级公司、信用担保公司等信用中介机构。建立企业和个人信用信息平台。建立健全有关信用交易、信用信息公开和保护、信用服务机构业务活动的法律法规体系。强化失信惩戒机制，完善有关失信行为惩罚的法律法规，提高失信成本，加大对失信行为的惩罚力度。

第五，健全市场化退出机制。完善企业破产制度，发挥市场在企业优胜劣汰中的决定性作用，企业的胜出或出局由市场竞争决定，而不是由政府说了算。在企业兼并、重组、破产等问题上也要坚持企业自愿原则，政府不能搞“拉郎配”。政府的主要工作是为企业退出和重组创造必要的外部条件。通过健全优胜劣汰的市场化退出机制，使市场主体永葆生机和活力。

二、完善主要由市场决定价格的机制

价格机制是市场机制的核心，是市场配置资源的主要手段。而只有由市场供求决定的价格，才能正确反映市场供求状况，并有效地调节供求。因此，必须完善主要由市场决定价格的机制。

首先，确定主要由市场决定价格的原则。市场供求形成价格的原则应当贯穿于价格形成的各领域和全过程，凡是能由市场形成价格的都交给市场，政府不进行不当干预。政府定价范围主要限定在：重要公用事业价格、公益性服务价格、网络型自然垄断环节价格和关系国计民生的少数商品价格等。政府定价应遵循价值规律，综合考虑成本和社会承受能力等多种因素。提高政府定价的公正性和透明度，完善政府定价规则，建立健全专家评审论证制度和价格听证制度，广泛听取社会各界意见，提高政府定价的科学水平。实行价格政务信息公开，接受社会监督。

其次，推进资源类产品价格改革。改革水价形成机制，完善水资源费、水利工程供水价格和城市供水价格政策，提高水资源费和污水处理费征收标准，逐步完善城镇居民生活用水阶梯价格制度，形成能够反映成本和有利于节约用水的水价体系。完善电价形成机制。逐步建立发电售电价格主要由市场决定的机制，建立规范的价格调整机制和反映成本的分类用户价格结构，完善上网标杆电价政策和煤电价格联动机制，实行居民阶梯电价政策，从大用户开始逐步放开除居民用电、农业用电等之外的销售电价。完善输配电价格的政府定价机制，逐步建立反映各类用户成本的输电和配电价格结构。改革煤炭价格形成机制，完善煤炭交易市场体系，规范交易秩序，改进运输环节，采用市场化招标方式分配煤炭合同的铁路运力。改革成品油价格形成机制，打破目前石油行业寡头垄断局面，进一步放宽成品油批发和零售环节的市场准入，建立竞争性价格形成机制。改革天然气价格形成机制，天然气生产和销售价格由供需双方协商确定。推进天然气行业体制改革，在纵向拆分和横向重组的基础上引入竞争机制。加强和完善天然气管输环节价格的监管，制定专门的定价成本规则。

第三，推进其他重点领域价格改革。推进交通运输价格改革。按照铁路运价市场化和铁路与公路保持合理比价关系的原则制定铁路货运价格，分步理顺价格水平，建立铁路货运价格与公路货运价格的联动机制。建立铁路货运政府指导价，增加价格弹性。构建由运营成本、运行速度和服务质量等因素决定的铁路客运价格形成机制。逐步扩大民航实行市场调节价范围，进一步提高民航价格的市场化程度。推进电信资费改革，在扩大市场准入的基础上形成竞争性定价，实行电信增值业务资费的市场定价。规范电信资费，加强对电信资费套餐和互联网接入资费的监管。按照科学论证、慎重决策、稳步实施的原则完善农产品价格形成机制，注重发挥市场形成价格的作用，以促进农业生产发展和保障国家粮食安全。按照市场化方向，进一步改革土地、资金、劳动力等要素的价格形成机制。

三、进一步发展商品市场

商品市场是市场体系的重要组成部分，也是我国市场体系中起步较早、发展相对成熟的一个市场，但仍然存在一些问题，需要采取政策措施进一步的发展和完善。

首先，构建全国统一开放的商品市场体系。制定统一的市场交易制度，合理确定市场竞争规则，加强统一的市场法制体系建设，保证市场规范有序运行。做好城市商业网点规划工作，以现有中心商圈为基础，建立由城区商业中心、社区商业中心和便民服务网点组成的完善的城市商品零售网络。推进农村市场的发展，积极搭建工业品下乡村和农副产品进城的双向流通平台，扶持农资连锁经营，完善农资流通服务体系，对种子、化肥、农药、农机具等农业生产资料，努力实现产销直接挂钩，防止农资假冒产品损害农民利益。培育和发展连接城乡、集聚和辐射力较强的专业市场，实现所有行政村的农资中心和日用品超市全覆盖，形成城乡各级各类商贸中心相互依托、互为补充、结构完善的市场体系。

其次，创新商品市场流通方式。大力发展连锁经营、电子商务、物流、供应链管理等流通方式，进一步发展超市、便民店、专卖店、仓储式商场、购物中心等多种业态。加强连锁企业内部物流配送中心的建设和管理，逐步实现仓库立体化、装卸搬运机械化、商品配货电子化、物流功能条码化和配送过程无纸化。积极发展专业化、社会化的第三方物流企业。加快发展电子商务，创新消费方式，促进网上购物、电话购物、手机购物等无店铺销售形式的规范发展，积极建设网上电子商务平台，大力发展网上超市、网上百货店、网上专卖店和网上大卖场等新型网络商业业态。

第三，完善商品市场基础设施。推进公益性农产品批发市场建设。由政府投资兴建公益性农产品批发市场，严格市场准入、交易规范和产品标准，限定摊位费和进场费，给予免税、免收或收取低额租金等优惠。积极发展物流园区，在确定总体规模的前提下，优先安排现有物流园区的整合利用和改造提升。各地物流园区规划要服从于全国规划，并与交通运输规划、城市建设规划和行业资源配置等相衔接。加快中西部地区物流园区建设，促进全国现代物流网络的完善。加快冷链物流体系建设，建立多种组织形式并存的农产品冷链物流体系，加强批发市场等重要农产品流通节点的冷藏设施建设，建立以生产企业为核心的冷链物流体系，鼓励大型零售企业开展生鲜食品配送中心建设，实现产地市场和销地市场冷链物流的有效对接。

四、完善金融市场体系

金融市场是极其重要的要素市场，主要为各类市场主体的经济活动提供资金融通，对提高社会整体资源配置效率具有重要意义。金融对国民经济影响广泛，通常是一个国家的经济核心。我国金融市场体系需要从以下几方面进行完善。

首先，健全多元化金融组织体系。扩大金融业对内对外开放，按照公平开放透明的市场规则和统一的市场准入制度，在制定金融业“负面清单”的基础上，鼓励和引导民间资本进入金融服务领域，在加强监管前提下，允许具备条件的民间资本依法发起设立中小型银行等金融机构。完善国有商业银行和股份制银行的公司治理结构，建立统一有效履行政府出资人职能的机构或机制，改变政府出资人职能分散的状态，改善大型商业银行的经营管理与激励约束机制。推进政策性金融机构改革，优化政策性金融机构的性质和功能定位，适当转变运作机制，调整具体业务领域，进一步增强对宏观经济和金融风险的平衡与逆向信用调节职能，大力发展针对保障房、小企业、“三农”等瓶颈领域以及弥补地方信用的政策性金融机构。完善和发展非银行金融机构。规范发展证券、期货经营机构，进一步健全证券期货经营机构规范运作的法规制度，支持证券、期货公司通过改制上市等多渠道充实资本，提升实力。在风险可控、监管可覆盖的前提下，鼓励和支持证券、期货公司开展业务创新，探索新的盈利模式。积极发展保险企业，推动中小保险公司和养老、健康、责任等各类专业保险公司的发展，逐步形成国有、民营和外资优势互补、相互竞争的多元化保险机构体系。加强保险企业公司治理与内控建设，完善保险经济补偿机制，建立巨灾保险制度。加快金融资产管理公司的转型改革。促进信托投资公司发展为以资产管理与财务顾问为主要业务的专业化理财机构。鼓励银行机构参股或设立金融租赁公司，大力发展融资租赁业务，提高租赁融资占全社会融资总规模的比重。积极推进融资担保体系建设，提高担保公司的抗风险能力。

第二，完善多层次资本市场体系。稳步发展股票市场。切实改革新股发行制度，有序增加各市场的新股发行数量，减少对新股定价的行政性干预和影响，逐步取消股票发行上市的实质性审批程序，推进股票发行注册制，在股票发行和交易中强化证券经营机构的责任。适当提高主板市场新股发行门槛，提高主板上市公司整体质量，与非主板市场形成层次差别，积极创造条件允许海外企业在主板市场公开发行股票并上市交易。加快推进多层次股票市场体系的建设步伐，形成多层次的场内和场外股票市场体系。发展并规范债券市场。进一步扩大债券市场的总体规模，这是顺利推进存贷款利率市场化的重要基础条件和扩大直接融资比重的重要途径。大力改善债券市场结构，提高非金融企业各类债务融资工具的比重，加快发展企业债券与公司债券等品种，同时适度发展资产证券化产品、债券期货等衍生产品的交易。实现银行间、交易所和柜台债券市场的托管、登记、结算等后台支撑系统全面连接，扩大跨市场的发行与交易。尽快改变债券核准发行制度，实施发行备案制，清除各种非市场化的进入障碍，对债券发行人达到法定资格条件的应允许其在市场发行债券融资。加快推进适合我国国情与风险管理要求的信用评级体系建设。

第三，推进利率和汇率改革。加快推进利率市场化，逐步扩大存贷款利率浮动区间，并最终实现利率市场化。稳步推进金融市场基准利率体系建设，进一步发挥上海银行间市场拆放利率的基准作用，扩大其在市场化产品中的应用。完善中央银行利率调控体系和利率传导机制，引导金融机构不断提高自主定价能力，建立健全利率定价自律机制。健全反映市场供求关系的国债收益率曲线，推动与国债相关的衍生产品发展，提高国债在市场中的基础性地位，从而产生有市场影响力的收益率曲线，引导市场的利率走势。完善人民币汇率市场化形成机制，发挥市场供求在汇率形成中的基础性作用，有序扩大人民币汇率浮动区间，增强人民币汇率双向浮动弹性，保持人民币汇率在合理均衡水平下的基本稳定。扩大人民币跨境使用，先从实体贸易入手，然后扩大到跨境直接投资的人民币使用。配套做好相关的结算工作，拓宽境外机构人民币资金运用渠道。推动资本市场双向开放，有序提高跨境资本和金融交易可兑换程度，建立健全宏观审慎管理框架下的外债和资本流动管理体系。加快实现人民币资本项目可兑换，可先放开长期资本流动，再放开短期资本流动；先放开资本内流，再放开资本外流。

第四，加强金融监管体系和金融基础设施建设。落实金融监管改革措施和稳健标准，完善监管协调机制。在目前金融分业监管格局下，监管部门之间的协调机制缺乏正式的制度保障，监管联席会议制度未能有效发挥作用，可以考虑组建由国务院分管领导牵头、具有明确法律权限和实体组织的金融监管协调机构，监督指导金融监管工作，协调各个监管部门，解决监管重叠和监管真空等问题。建立宏观审慎的金融管理制度框架。在现行的监管体制下，央行具有货币发行、调节利率等职能，三家分业监管当局只对银行、证券和保险等金融机构内部风险进行识别和监控，这种微观审慎监管很难全面评估金融体系的系统性风险，由此可能形成系统性风险的监管漏洞，威胁金融体系的稳定。可以考虑联合“一行三会”成立一个宏观审慎监管机构，以解决现行的微观审慎监管过程中可能存在的“盲区”。加强金融基础设施建设，保障金融市场安全高效运行和整体稳定。加强金融法制建设，完善金融法律环境，依法保护各类投资者的合法权益。加快征信体系建设，建立金融业统一征信平台。加快支付体系建设，完善以中国人民银行现代化支付系统为核心，银行业金融机构行内支付系统为基础，票据支付系统、银行卡支付系统、境内银行间外币支付系统等为重要组成部分的支付清算网络体系。健全会计、统计、审计等基础制度，完善金融市场的登记、托管、交易和清算制度。建立存款保险制度，维护金融稳定。完善金融机构市场化退出机制，从根本上防止金融风险的累积。

五、发展和完善房地产市场

房地产市场主要包括土地使用市场和房产市场。房地产既是重要的生产要素，又是重要的生活物质条件。房地产市场的发展和完善要遵循有利于改善居民居住条件、有利于房地产市场平稳发展、有利于经济增长的原则，建立健全以政府为主提供基本保障、以市场为主满足多层次需求的房地产市场体系。

首先，建立城乡统一的建设用地市场。在符合规划和用途管制前提下，允许农村集体经营性建设用地出让、租赁、入股，实行与国有土地同等入市、同权同价，使农村集体经营性建设用地可以在更多的市场主体间、在更宽的范围内和更广的用途上进行交易。缩小征地范围，规范征地程序，完善对被征地农民合理、规范、多元保障机制。扩大国有土地有偿使用范围，减少非公益性用地划拨。建立兼顾国家、集体、个人的土地增值收益分配机制，合理提高个人收益。根据经济发展水平、城镇化水平、居民收入水平、人口总量和结构变化趋势等因素，合理确定土地供应计划，对房价上涨过快的地区适当增加住宅用地供应。推进土地集约利用，通过优化城市空间布局提高存量土地的开发利用效率。采取有效措施盘活存量土地，加大对土地政策的执法力度，严格执行土地闲置满两年、依法无偿收回等政策，切实解决“囤地”和延迟开发的问题。完善土地租赁、转让、抵押二级市场。

第二，发展和完善商品房市场。商品房市场最终应由市场调节，房价高低从根本上说应由市场供求决定。但是，为了保持房地产市场的平稳健康发展，政府应当加强和改善对房地产市场的调控，可从供求两方面入手，实行双向调控。根据住房需求的层次采取不同政策，对不同的住房需求有保有压，支持和鼓励刚性需求和改善性需求等自住性需求，抑制投资投机性需求。对于不同城市和地区，根据房地产市场供求形势不同，实行分类调控。加强房地产开发企业的资质管理，定期核定和更新企业资质。提高房地产开发企业贷款门槛，确保企业自有资本金比例，降低开发风险。完善商品房预售制度，加强对预售资金的监管力度，强制房地产开发商披露预售许可和预售进展等相关情况。进一步完善住房金融制度，灵活运用住房信贷政策，促进房地产市场稳定发展。提高住房资源配置效率必须适当提高住房的流转性，应实行有利于住房流转的税收政策，降低住房交易环节的税费。规范二手房交易市场，加强对房地产销售代理和经纪的资质管理，建设公开、透明、阳光的二手房交易市场体系，整合房屋登记机构、交易保证机构和金融机构，搭建二手房交易结算资金托管平台。

完善房屋租赁市场，加强对房屋租赁代理等房地产经纪业务方式的监管。

第三，健全保障性住房供应体系。强化各级政府责任，增加保障性住房供给，加大保障性安居工程建设力度，尽快解决保障性住房供应不足的问题。完善保障性住房的土地供应制度，增加保障房土地储备，合理规划保障房用地，完善相关配套设施。多渠道筹集廉租房房源，完善租赁补贴制度。重点发展公共租赁住房。加快各类棚户区改造，规范发展经济适用住房。建立稳定投入机制，把住房保障作为各级财政投入的重点领域，制定住房保障专项预算，加大财政资金对保障房的支持力度。拓展保障住房的投融资渠道，加大住房公积金贷款、银行贷款对保障房的支持力度。引导银行、保险、公积金等金融机构及各种社会力量参与住房保障建设运营。加强保障性住房管理，制定公平合理、公开透明的保障性住房配租政策和监管程序，严格规范准入、退出管理和租费标准。建立公开规范的住房公积金制度，改进住房公积金提取、使用和监管机制。加快推进与保障房相关的立法工作，尽快实现住房保障法制化。

六、健全劳动力和技术等要素市场

劳动力市场不仅是重要的要素市场，而且关系就业这一重大民生问题。必须大力发展和完善劳动力市场，促进劳动力自由流动。一是完善劳动就业中介服务体系。加强公共就业服务体系建设，尤其是加强街道、乡镇、社区基层就业平台建设。街道、社区对下岗失业人员的情况最了解，管理和服务最直接、最方便。要强化基层平台对就业工作的支撑作用，把基层平台建设纳入各地公共服务基础建设统一规划，加强政策支持和资金保障，着力解决面临的各种实际问题。着重提高和发挥基层平台的服务功能，加强基层平台的能力建设，设立综合性服务场所和服务窗口，并与市、区、街道实现信息联网。大力发展社会就业中介服务机构，完善促进人力资源服务业发展的政策，鼓励社会资本投资人力资源服务领域，培育和发展各类人力资源服务机构，增强人力资源服务能力，加快人力资源服务的信息化进程，推动人力资源服务区域合作。二是加快户籍制度改革，消除劳动力自由流动的制度壁垒。全面放开建制镇和小城市落户限制，在小城镇有合法稳定职业并有合法稳定住所的人员及其共同居住生活的配偶、未婚子女、父母，可以在当地申请登记常住户口。有序放开中等城市落户限制，在中等城市有合法稳定职业满三年，并有合法稳定住所，同时按照国家规定参加社会保险达到一定年限的人员，本人及其共同生活的配偶、未婚子女、父母，可以在当地申请登记常住户口。合理确定大城市落户条件，严格控制特大城市人口规模。实行全国统一的居住证制度，领取居住证的迁移人口可享受的公共服务与其居住年限挂钩，而与户籍相脱离，同时取消领取的门槛。稳步推进城镇基本公共服务常住人口全覆盖，把进城落户农民完全纳入城镇住房和社会保障体系，在农村参加的养老保险和医疗保险规范接入城镇社保体系。建立财政转移支付同农业转移人口市民化挂钩机制，减轻户籍放开后因公共服务增加给地方财政造成的压力。三是建立劳动力市场监管体系。健全市场预测和监测机制，加强对市场的调控和引导。加强对拖欠农民工工资行为的追欠力度。开展清理整顿劳动力市场秩序专项行动，增强对市场中不法行为的打击力度，维护劳动力市场的公平和效率，维护市场各类主体合法权益。

技术市场是推动技术创新、实现经济发展方式转变的重要支撑。必须着力健全技术市场，促进自主创新能力和水平的提高。要深化科技体制改革，健全技术创新市场导向机制，发挥市场对技术研发方向、路线选择、要素价格、各类创新要素配置的导向作用。强化企业在技术创新中的主体地位。做大做强一批行业龙头企业，发挥大型企业创新骨干作用。加强对中小企业创新的支持力度，营造公平竞争的市场环境，建立一批公共技术创新服务平台，激发中小企业创新活力。促进产学研结合，推进应用型技术研发机构市场化、企业化改革。改善科技型企业的融资环境，鼓励银行加入对科技型中小企业的贷款支持，促进科技型企业直接融资。加强知识产权保护，加大对假冒侵权的打击力度，提高侵权成本，降低维权成本，探索建立知识产权法院。打破行政主导和部门分割，建立主要由市场决定技术创新项目和经费分配、评价成果的机制。健全技术转移机制，改善科技型中小企业融资条件，完善风险投资机制，促进科技成果资本化、产业化。

第四节　促进国际国内市场深度融合

进一步扩大对外开放，促进国际国内要素有序自由流动、资源高效配置、市场深度融合，实现资源在全球范围的配置，对于像我国这样一个经济发展水平相对落后的国家实现跨越式发展，赶超世界先进水平，具有重要作用。必须适应经济全球化新形势，进一步扩大开放，加快培育参与和引领国际经济合作竞争新优势。

一、放宽外商投资准入

外商投资不仅可以弥补我国社会主义经济建设的资金不足，还可以带来先进的技术和管理，有利于推动我国经济结构调整和产业升级。必须放宽外商投资的市场准入。

首先，统一内外资法律法规，保持外资政策稳定、透明和可预期。在全球化的背景下，外国投资者更加看重的是投资“软环境”。要优化法制环境，按照法制统一、非歧视和公开透明的原则，建立和完善涉外经济法律法规体系。统一国内的市场主体立法，赋予国内各类市场主体平等的法律待遇，在此基础上建立统一、规范、公开的外商投资准入制度。继续保持国家鼓励外商投资的各项政策的稳定性和连续性。切实提高法律和行政法规的实际执行能力，加大打击各种侵权行为的力度，保护知识产权，保障外商的合法权益。

其次，探索对外商投资实行准入前国民待遇加负面清单的管理模式。“准入前国民待遇”和“负面清单”管理模式是国际上越来越通行的外资管理方式。在这一模式下，把禁止或限制外资进入的领域列入负面清单，未列入的领域外资都可以进入，同时，将国民待遇由投资发生之后的阶段延伸至投资发生和建立前的阶段，让内外资企业享受同等待遇。这种管理模式在外资准入方面更加透明，赋予了各类投资主体公平参与市场竞争的机会，对于增强外资信心，鼓励和吸引外资起到积极作用，同时可以最大限度减少和规范行政审批，有利于纠正我国外资管理体制中“重事前审批、轻事后监管”的倾向，是我国外商投资管理体制改革的主要方向。

第三，进一步开放服务业和一般制造业，引导外资提升产业结构。现阶段利用外资不应是简单的引进资金，更重要的是引进吸收外资的技术创新能力和先进管理经验，促进外资企业的技术溢出效应，提升我国在国际产业分工中的地位，推动国内产业结构调整和经济转型升级。我国服务业开放程度和发展水平都较低，要扩大服务业对外开放，重点是推进金融、教育、文化、医疗、电信、旅游等领域的有序开放，放开育幼养老、会计审计、建筑设计、商贸物流、电子商务等领域的外资准入限制。进一步放开一般制造业，鼓励外商投资先进制造业、高新技术产业和低碳绿色环保产业。鼓励外资在我国设立研发中心，将高附加价值环节引入我国。支持和鼓励外资以股权投资和创业投资的方式投资我国高科技产业，与我国自主创新政策和产业升级形成良性互动，促进我国高科技产业的发展。

第四，促进外商投资布局优化。为促进中西部和东北地区发展，我国先后实施了西部大开发、中部崛起和振兴东北老工业基地等区域性发展战略，中西部和东北地区的投资环境有了很大改善，为承接东部地区产业转移和外商投资创造了良好的条件。应充分利用这些地区正在形成的引资优势，配套实施相应的政策如海关特殊监管区域政策等，鼓励外商投资向中西部地区和东北老工业基地倾斜，促进区域协调发展。

二、推进上海自由贸易试验区试点

建立中国上海自由贸易试验区是中央和国务院在新形势下推进改革开放的重大举措。2013年9月，中国上海自由贸易试验区正式成立。自由贸易试验园区是根据本国法律法规在本国境内设立的区域性经济特区，属一国境内关外的贸易行为，即一国在其辖区内划出一块地域进行对外经贸活动，对该地域的商贸活动不过多的插手干预，且对外运入的货物不收或减收关税。当前国际贸易格局正在酝酿重大变化，美国主导的TPP、TTIP谈判均把我国排斥在外，建设中国上海自由贸易试验区是我国探索对外开放的新路径和新模式，在全球贸易新形势下实现突围的重要一招。同时，建设上海自贸区也是为国内下一步改革探索方向和路径。

建设中国上海自由贸易试验区主要在以下方面实现突破：一是转变政府职能。探索建立与国际高标准投资和贸易规则体系相适应的行政管理体系，推进政府管理由注重事先审批转为注重事中、事后监管。提高行政透明度，完善投资者权益有效保障机制，实现各类投资主体的公平竞争。二是扩大投资领域开放。扩大金融、航运、商贸、文化等服务领域对外开放。探索建立负面清单管理模式，逐步形成与国际接轨的外商投资管理制度，这是中国上海自由贸易试验区的关键内容。自贸区的负面清单包括了国民经济所有18个经济行业门类，涉及89个大类、419个中类和1069个小类，编制特别管理措施共190项。在这个清单之外的领域，外商投资项目核准改为备案制。同时改革对外投资管理方式，支持试验区内各类投资主体开展多种形式的境外投资。三是推进贸易发展方式转变。培育贸易新型业态和功能，推动贸易转型升级。推进国际贸易结算中心试点，实现内外贸一体化发展。提升国际航运服务能力。四是深化金融领域开放创新。创新金融制度，建立与自由贸易试验区相适应的外汇管理体制，促进跨境融资便利化。推动金融服务业对符合条件的民营资本和外资金融机构全面开放，鼓励金融市场产品创新。五是完善法制保障。通过地方立法，建立与试点要求相适应的试验区管理制度。

建设中国上海自由贸易试验区是先行先试、深化改革、扩大开放的国家战略，有利于培育我国面向全球的竞争新优势，构建与各国合作发展的新平台，同时可以通过扩大开放促进国内改革，打造中国经济“升级版”，意义十分深远。要切实建设好、管理好中国上海自由贸易试验区，使其成为推进改革和提高开放型经济水平的“试验田”，形成可复制、可推广的经验，发挥示范带动、服务全国的积极作用。在推进中国上海自由贸易试验区试点基础上，还可选择若干具备条件的地方发展自由贸易园（港）区，将中国上海自由贸易试验区的很多成功经验在全国陆续推开。

三、改革对外投资管理体制

从商品输出到资本输出、从贸易大国到投资大国的转变是我国进一步提高资源配置效率、促进开放型经济转型升级的必由之路。必须积极推进对外投资体制改革，进一步促进对外投资。

首先，放宽对外投资的各种限制。复杂的审批程序和长时间的审批等待，会增加企业对外投资的成本，不利于企业把握境外投资机会。放宽对外投资审批，按照合法和效能原则合理调整有关部门的职能，简化审批程序，缩减审批内容，减少审批环节，对于不同类型的海外投资项目，可以采用不同审批的时限和标准。同时，清除外汇管理、金融服务、货物进出口、人员出入境等方面的诸多障碍。加强对外投资的事后管理。

其次，确立企业和个人对外投资主体地位。落实“谁投资、谁决策、谁受益、谁承担风险”的原则，确立企业及个人对外投资主体地位，允许发挥自身优势到境外开展投资合作，允许自担风险到各国各地区自由承揽工程和劳务合作项目，允许创新方式走出去开展绿地投资、并购投资、证券投资、联合投资等。创新支持民营企业“走出去”的体制机制，大幅减少民营企业对外投资项目的审批范围，加强对民营企业“走出去”的金融支持，设立支持民营企业对外投资的专项基金，鼓励金融机构为民营企业海外投资创建绿色贷款通道，鼓励国内保险公司及其海外机构为民营企业对外投资提供有针对性的保险产品。

第三，优化企业“走出去”的领域和布局。鼓励和支持企业加强对国外能源资源领域的投资，这是弥补我国能源资源缺口、保证能源资源进口安全的重要手段。考虑到国外对能源、资源等领域外资并购的普遍限制，应该在继续发挥国有企业作用的同时，采取更加灵活的方式，积极通过民营企业进行对外投资，采取对民营企业注资但不控股的办法，适当淡化“国有”和“主权”色彩。鼓励和支持企业加强对国外技术研发领域的投资，国内企业可通过在发达国家设立技术研发中心、并购实验室或有先进技术的企业等方式，充分利用国外科技人才和成果，迅速提高自身的自主创新能力。支持国内产能严重过剩的劳动密集型产业向发展中国家转移，通过转移部分过剩产能来延长产品生命周期，为企业自身的结构调整和升级争取时间。

第四，加强企业对外投资服务体系建设。建立境外投资公共信息平台，定期发布各国和地区的市场需求、法律法规、宏观政策、投融资制度、风险因素等信息，提高信息的及时性和准确性。完善驻外经商处的服务功能，加强与当地政府相关部门的沟通协调，改善驻外企业的投资环境。加强对企业境外投资的金融支持，扩大政策性优惠贷款的使用范围，由政府、政策性银行、商业银行与企业共同出资成立海外投资基金，为对外投资企业提供资金支持。健全对外投资保险制度，扩大中国出口信用保险公司海外投资保险业务，允许部分符合条件的保险企业开展对外投资保险业务，对于风险较大的对外投资项目，实现强制保险。发挥商会、协会等民间机构的作用，建立支持对外投资的全球网络平台。

第五，加快同有关国家和地区商签投资协定。通过签订双边或多边投资保护协定，相互简化投资审批，提供投资便利和保护，避免双重征税，建立双边协调和争端解决机制，减少企业投资经营的阻力，保护我国投资企业权益。加快推动中美、中欧双边投资协定谈判，为我国企业进入发达国家市场创造更有利的条件，并为企业海外财产权益和公平竞争等提供更有效的保障。加快推动与亚洲其他发展中国家和非洲国家的双边及多边投资协定谈判，在投资协定中纳入严格约束企业行为的条款，使企业主动承担社会责任，避免我国企业投资亚非国家和地区给人留下“资源掠夺”等负面形象。完善领事保护体制，为中外投资者提供权益保障、投资促进、风险预警等更多服务，扩大投资合作空间。

四、改革对外贸易管理体制

对外贸易是实现国际国内市场融合、促进资源在全球范围配置的重要渠道，是我国经济持续快速增长的重要推动力。必须推进外贸管理体制改革，促进外贸持续协调发展。

首先，推动从出口导向向内需立国的战略转型。在传统的重出口轻进口思想影响下，我国出口贸易和加工贸易迅猛发展，对推动经济快速发展起了重要作用，但同时也对我国国际收支平衡带来了巨大压力，长期的双顺差不仅使人民币面临不断升值的压力，也使国内货币政策面临更严峻的挑战。以贸易开放度为主的经济开放度结构也使我国经济更容易受国际商品市场波动的影响，不利于维持稳定的经济增长水平。必须实行从出口导向向内需立国的战略转型，实现出口从“量”到“质”、进口从“限”到“放”、对外贸易从外向型向开放型的转变，为我国经济的长期稳定均衡发展提供持续的动力。

其次，完善进出口管理体制。进一步改革进口管理体制。推进大宗商品进口的市场化，在严格实行资质管理，谨慎开放进口经营权，稳定进口市场秩序的同时，建立健全大宗商品国内流通体制，在流通体制上游环节保持相对集中的经营管理模式，在中下游环节引入市场机制，鼓励竞争以提高效率。放宽高端消费品进口，扩大实行免税购物的地区及品种、消费额。鼓励适用技术进口，夯实我国制造业发展的技术基础。完善出口退税制度，实现国内商品与进口商品的平等竞争。加强电子口岸建设，推进“大通关”建设，促进东中西部之间跨地区的“大通关”合作。加强商务部、地方外贸管理部门、贸易促进服务组织和同业协会等机构协调配合，健全外贸支持服务体系，提高外贸促进机制的效率。

第三，转变外贸发展方式。改变粗放式外贸发展方式，调整靠劳动力、资源能源和土地等生产要素的廉价供给获取竞争优势的传统策略，提高自主创新能力，完善经营方式，通过提升产品的技术含量和附加价值，建设自己的品牌、营销网络和国际化经营队伍，来确立国际竞争新优势。优化出口商品结构，出口产业实行低碳经济先行，注重开发高技术、环保产品，降低出口对环境的破坏，增强可持续发展能力。加大对中小企业技术创新和参与国际竞争的扶持力度。

第四，大力促进服务贸易的发展。推动服务贸易与服务业、服务贸易及货物贸易相互促进和平衡发展，实现从“中国制造”到“中国服务”的开放型经济战略转型。建立服务贸易专门管理机构，简化行政审批程序，降低服务业和服务贸易进入门槛，积极引导民营资本向服务业和服务贸易领域的投入。大力发展金融保险、物流运输、信息服务、文化创意和展会等现代服务业，促进服务业结构升级，不断强化服务业的国际竞争力，为服务出口和服务贸易奠定坚实的产业基础。抓住国际服务产业转移的机遇，大力发展服务外包。加强对服务贸易人才队伍的培养和建设。

五、加快国际自由贸易区建设

面对国际贸易的新形势和新格局，必须加强双边、多边、区域、次区域开放合作，扩大同各国各地区利益汇合点，以周边为基础加快实施自由贸易区战略，形成面向全球的高标准自由贸易区网络。

首先，打造中国——东盟自由贸易区升级版，进一步促进区内贸易投资自由化便利化。中国——东盟自由贸易区升级版是借鉴欧盟模式，形成以自由贸易、共同市场、货币合作为重要特征的区域经济一体化格局。要加快平等协商和对等开放步伐，在现有自贸区框架基础上，补充完善双方在货物贸易、投资准入、服务贸易等方面的相互承诺，逐步缩小敏感产品的关税壁垒，缩短敏感行业准入的过渡期，加快服务业开放，进一步降低和取消双方的投资准入门槛，形成区内货物、服务和资本自由流通的统一市场。建立服务于跨境资金流的区域金融市场。在保留各国主权货币的前提下，使人民币成为中国——东盟自由贸易区的主要交易结算货币，并逐步成为东盟国家的主要储备货币之一。建立区域金融稳定基金。构建区域内跨境金融监管机制。在现有对话合作机制的基础上，建立中国——东盟协调理事会，负责协调区内各成员国的汇率政策和贸易政策等事务，建立共同应对全球性和区域性危机的政策协调体系。

其次，积极推进中韩、中日韩、中澳、区域全面经济伙伴关系等自由贸易协定谈判。中韩自贸区谈判已举行八轮，中日韩自贸区谈判也已举行三轮，这两个自贸区谈判一旦达成协议，将为整个亚太地区的一体化格局奠定重要基础。我国可采取政经分开的谈判策略，尽快在这两个自贸区建设上取得实质性进展。区域全面经济伙伴关系协定（RCEP）是旨在建立包含东盟与中国、日本、韩国、印度、澳大利亚和新西兰六国在内的自由贸易区，协定一旦达成，就能形成包括亚洲主要经济体在内的自由贸易网络，并为我国应对TPP挑战创造较大的战略回旋余地。由于新加坡、马来西亚、越南和日本等RCEP谈判参与国开始转向TPP，部分国家推动RCEP谈判的积极性降低，我国应加快RCEP谈判步伐，利用好东盟的核心协调作用，同时主动做出降低准入门槛、消除贸易壁垒等承诺，争取2015年按计划完成RCEP谈判。

第三，适时启动与其他经贸伙伴的自由贸易协定谈判。尤其要做好加入TPP谈判的准备，积极研究在美国抢占先机的形势下如何让

TPP朝着有利于我国和发展中国家的方向发展。目前，TPP已吸收的12个成员国中，新西兰、智利、秘鲁、新加坡、越南、马来西亚等国都与我国签订了自由贸易协定。我国可以从这些国家入手，同时与TPP成员中以我国为最大市场的国家加强沟通，为加入TPP进行提前谋划和准备。在国内要积极推进上海自由贸易试验区的试点，为对接TPP累积经验。积极推进中国——东盟自由贸易区升级版和其他自贸区建设，在亚洲区域经济一体化上谋求更有利的地位和主动权，增加加入TPP谈判的筹码。

六、扩大内陆沿边开放

我国内陆地区由于开放口岸少、物流费用高、区域转关难等诸多制约因素，开放型经济发展相对滞后。要抓住全球产业重新布局的机遇，推动内陆地区扩大开放。一是创新加工贸易模式。充分发挥内陆地区在资源、劳动力和市场等方面的有利条件，加大引进外资和沿海资本的力度，使内陆地区实现整机生产、零部件、原材料配套和研发结算等一体化集群发展，成为沿海加工贸易产业链的承接地。二是统筹推进内陆地区国际大通道建设。充分发挥渝新欧、郑新欧国际铁路的作用，加快建设面向东南亚、中亚、俄罗斯和欧洲等地区的国际物流大通道。支持内陆城市增开国际客货运航线，发展多式联运，形成横贯东中西、联结南北方对外经济走廊。三是加强内陆地区国际口岸建设。推动内陆同沿海沿边通关协作，实现口岸管理相关部门信息互换、监管互认、执法互助，形成协同高效的一卡通平台。扩大“属地申报、口岸放行”等改革试点，加快整合口岸管理相关职能，逐步实现内陆地区进出口货物的一次性申报、查验和放行，降低通关成本，提高通关效率。加快内陆口岸基础设施建设。

我国沿边地区受自然条件和周边环境等因素的影响，开放型经济规模总体较小，与周边国家经贸合作层次较低，合作机制不健全。要坚持统筹规划、因地制宜、互惠互利、共同发展的原则，进一步推进沿边开放。一是创新沿边开放政策。适应扩大沿边开放的新形势，探索形成具有沿边开放特点的产业、土地、金融、财政、人才、行政管理等政策，允许沿边重点口岸、边境城市、经济合作区在人员往来、加工物流、旅游等方面实行特殊方式和政策，提高贸易和投资便利化水平。二是优化延边地区产业布局，培育面向周边市场的优势特色产业体系，积极吸引外向型加工制造业从沿海向西北、西南、东北沿边地区转移，培育国际加工制造基地和外向型产业集群。三是建设沿边自由贸易试验区，积极探索放宽投资准入和海关监管、促进贸易投资便利化的涉外经济管理新机制。四是建立沿边地区开发性金融机构，探索人民币区域化的有效路径，在沿边跨境金融合作创新上先行先试。五是加快同周边国家和区域基础设施互联互通建设，推进丝绸之路经济带和海上丝绸之路的建设，把沿边地区建成联结中亚、西亚、东南亚、南亚市场与长江经济带、珠三角经济带的桥梁和基地，形成全方位开放新格局。

第五节　完善政府经济职能

全面正确履行政府职能是处理好政府和市场的关系，使市场在资源配置中起决定性作用的关键。必须切实转变政府职能，深化行政体制改革，创新行政管理方式，推进法治政府和服务型政府建设，更好地发挥政府在资源配置中的作用。

一、进一步简政放权

目前政府越位、错位现象仍然比较普遍，严重影响了市场作用的发挥，束缚了市场主体的活力。必须进一步简政放权。

首先，进一步清理和减少审批事项。新一届政府成立以后，提出要将现有1700多项审批事项减少三分之一，目前已取消和下放了400多项行政审批事项，对激发市场活力起了重要作用。要进一步深化行政审批制度改革，最大限度减少中央政府对微观事务的管理，市场机制能有效调节的经济活动，一律取消审批。减少投资项目审批，最大限度地缩小审批、核准、备案范围，切实落实企业和个人投资自主权。减少对生产经营活动和产品物品的许可审批。今后政府一般不再新设行政审批事项。最大限度地减少对各类机构及其活动的非行政许可审批。认真清理一些部门和地方利用"红头文件"和规章等对公民、企业和其他社会组织提出的要求和限制性规定。减少资质资格许可，对不符合行政许可法规定的资质资格评估，一律予以取消。确需对企事业单位和个人进行水平评估认定的，由有关行业协会或学会具体负责。严禁以备案名义变相进行行政审批。进一步精简和规范各类评优、评级和评比活动，逐步转移给社会组织并依法加强监管。发挥法律法规、发展规划和产业政策的作用，强化政府在土地使用、能源消耗和污染排放等领域的管理。

其次，明确政府的权力清单。建立权力清单制度，不仅可以切实推进政府简政放权，也是遏制腐败的重要举措。各级政府和政府部门的权力都要尽可能简洁地列出清单，并将清单公之于众，接受社会监督。在这个前提下逐步减少清单的内容。中央政府要率先明确各部委的权力清单，可参照公布行政费用的模式，规定中央各部委在限定期限内制定和对外公开权力清单内容。鼓励和支持地方各级政府建立权力清单制度，可由省级政府带头，逐步向市、县级政府推开。争取未来一个时期在全国范围内普遍实施权力清单制度，在推动政府简政放权、建设服务型政府上取得实质性进展。

第三，对保留的行政审批事项要规范管理、提高效率。按照标准明确、程序严密和运作透明的原则，严格按照法律法规进行审批，不得擅自改变审批的方式和条件，充分保障行政审批实施利益相关方的知情权、陈述权和监督权。凡涉及重大公共利益的审批事项，一律向社会公告，并举行公开听证，认真听取社会各方面尤其是审批对象的意见。完善行政审批服务方式。优化政府部门职能配置，对于职能重复或相近的机构实行整合归并，减少审批环节，防止多重审批和推诿扯皮。实行行政审批流程的标准化规范化，建立健全行政审批项目的受理、承办、批准、办结、监督、投诉等环节的标准、权责和时限等制度规范，实行标准化运作。完善省市县乡四级联动的综合政务服务体系，加强电子政务建设，实行各级行政审批系统联网，办好网上办事大厅，打造管理规范、办事公开、信息共享、运行高效的综合政务服务平台，实现“一个窗口受理、一站式审批、一条龙服务、一个窗口收费”，提高行政审批效率。

第四，中央向地方下放一部分审批权责。地方政府具有贴近基层、就近管理的优势。凡直接面向基层、量大面广、由地方管理更方便有效的经济社会事项，一律下放地方和基层管理。对于中央扶持地方的一些项目，国务院有关部门只确定投资方向、原则和标准，具体审批事项由地方政府负责。对于现阶段仍需由政府通过发展规划、总量控制目标、准入标准和产业、用地、环保、税收、信贷等政策实现有效调控的项目，主要交由地方政府核准，并明确相应责任。国务院投资主管部门主要核准跨地区、跨行业、跨领域和涉及综合平衡、重大布局的项目，行业管理部门主要核准需由中央层面管理的其他项目。同时，地方政府也要大幅减少投资项目审批，完善审批服务方式，进一步优化投资环境。

二、完善宏观调控体系

政府宏观调控对于保持经济总量平衡、促进重大经济结构协调和生产力布局优化、减小经济周期波动、实现经济持续健康发展具有重要作用。必须进一步完善宏观调控体系。

首先，加强国家发展战略和规划的宏观引导、统筹协调功能。目前我国经济发展中产能过剩问题十分突出，过去解决这类问题的措施主要是上收产能过剩行业项目审批权，政府通过严格审批来控制产能过剩行业新上项目，这种行政办法效果并不理想。要充分发挥法律法规和发展规划、产业政策的引导和约束作用，强化节能节地节水、环境、技术、安全等市场准入标准，通过抬高市场准入门槛来避免企业盲目投资，通过市场优胜劣汰来淘汰落后生产能力，建立健全防范和化解产能过剩长效机制。

其次，加强财政政策和货币政策的协调配合，推进政策手段运用机制化。充分发挥财政政策和货币政策作为宏观调控主要手段的作用，加强两者的协调配合。完善财政部门与中央银行之间的合作机制，在财政与货币政策例会机制的基础上，完善财政与货币政策协调的组织机制，可以考虑在中央财经领导小组下设立专门的财政货币政策协调委员会，由财政部、人民银行、国家发改委和国家税务总局等部门负责人组成，定期举行协调会议。完善财政政策与货币政策的松紧搭配。财政政策和货币政策要根据宏观经济形势的不同，合理搭配使用，提高政策的组合效应。处理好财政收支、国债发行、国库现金管理与货币政策操作的关系，从世界各国的实践看，除中央银行盈余上缴财政外，国债和财政存款是财政货币政策配合的重要结合点，财政政策与货币政策协调配合应体现在常规的公开市场操作和政府资金的管理中。加强财政政策、货币政策与产业、价格等政策手段协调配合，提高相机抉择水平，增强宏观调控的前瞻性、针对性、协同性。形成参与国际宏观经济政策协调的机制，推动国际经济治理结构完善。

第三，深化投资体制改革，确立企业投资主体地位。企业投资项目实行谁投资、谁决策、谁受益、谁承担风险的原则，除关系国家安全和生态安全，涉及全国重大生产力布局、战略性资源开发和重大公共利益等项目外，一律由企业依法依规自主决策，政府不再审批。投资项目的市场前景、经济效益、资金来源和产品技术方案等均由企业自主决策、自担风险，并依法办理城市规划、土地使用、环境保护、资源利用、安全生产等许可手续和减免税确认手续。

第四，完善发展成果考核评价体系。纠正单纯以经济增长速度评定政绩的偏向，加大资源消耗、环境损害、生态效益、产能过剩、科技创新、安全生产、新增债务等指标的权重，更加重视劳动就业、居民收入、社会保障、人民健康状况。加快建立国家统一的经济核算制度，编制全国和地方资产负债表。完善统计制度方法和国民经济核算制度方法，地区生产总值实行国家统一核算。完善统计指标体系，健全统计数据信息共享机制，提高政府统计的系统性和规范性，使统计数据全面客观地反映经济社会现实。建立全社会房产、信用等基础数据统一平台，推进部门信息共享。加强政绩考核信息的披露，无论是政绩考核内容还是政绩考核结果等信息，都应及时全面地予以披露和公告。政绩考核是一项专业性强、技术含量和规范化程度高的工作，为保证评估机构独立工作和评估结果真实可信，可以借鉴国际上的经验，鼓励第三方专业机构参与政绩考核，充分发挥专业评估机构的作用。

三、深化财税体制改革

财政是政府治理的重要支柱，是政府优化资源配置、维护市场统一、促进社会公平、有效履行各项职能的经济基础和重要手段。必须深化财税体制改革，建立现代财政制度。

首先，改进预算管理制度。政府预算是政府的基本收支计划，它提供了政府活动的基本信息。规范化的政府预算制度应当能最大限度地提高财政资金的使用效率，最大限度地提高社会福利。实施全面规范、公开透明的预算制度，审核预算的重点由平衡状态、赤字规模向支出预算和政策拓展。清理规范重点支出同财政收支增幅或生产总值挂钩事项，一般不采取挂钩方式。建立跨年度预算平衡机制，建立权责发生制的政府综合财务报告制度，建立规范合理的中央和地方政府债务管理及风险预警机制。目前地方债总体上不会带来财政危机，但仍需要妥善加以应对，可以考虑在规范已有地方债特别是地方融资平台的基础上，启动地方债务制度，允许地方政府发债，建立地方政府信用评级制度和统一的公债市场，以化解财政风险。完善一般性转移支付增长机制，重点增加对革命老区、民族地区、边疆地区、贫困地区的转移支付。中央出台增支政策形成的地方财力缺口，原则上通过一般性转移支付调节。清理、整合、规范专项转移支付项目，逐步取消竞争性领域专项和地方资金配套，严格控制引导类、救济类、应急类专项，对保留专项进行甄别，属地方事务的划入一般性转移支付。

其次，进一步完善税收制度。深化税制改革，完善地方税体系，逐步提高直接税比重。推进增值税改革，在交通运输业和部分现代服务业全面推行“营改增”的基础上，逐步将邮电通信、铁路运输业、建筑、房地产、金融和生活服务业等纳入改革序列，尽快全面完成“营改增”任务。随着增值税制度改革的推进，适当简化税率。调整消费税征收范围、环节、税率，把高耗能、高污染产品及部分高档消费品纳入征收范围，发挥消费税引导合理消费行为的作用，并可考虑将消费税的征收由主要在生产或进口环节征收改为主要在零售或批发环节征收，以扩大内需和优化经济结构。逐步建立综合与分类相结合的个人所得税制，合并相关税目，确定合理税率，完善税前基本扣除。加快房地产税立法并适时推进改革，逐步建立统一完整的房地产税制度。加快资源税改革，由主要从量定额计征改为从价计征，推动环境保护费改税。按照统一税制、公平税负、促进公平竞争的原则，加强对税收优惠特别是区域税收优惠政策的规范管理。清理规范税收优惠政策，对到期优惠政策不再延续，对有推广价值的优惠政策尽快转为普惠制。税收优惠政策统一由专门税收法律法规规定，原则上不再出台新的区域税收优惠政策。合理划分国税、地税部门征管权限，完善税收征管体制。

第三，建立事权和支出责任相适应的制度。适度加强中央事权和支出责任，国防、外交、国家安全、关系全国统一市场规则和管理等作为中央事权，以提高全国公共服务水平。部分社会保障、跨区域重大项目建设维护等作为中央和地方共同事权，由中央和地方共同承担，并逐步理顺事权关系。区域性公共服务作为地方事权，充分发挥地方政府的积极性。中央和地方按照事权划分相应承担和分担支出责任。中央可通过安排转移支付将部分事权支出责任委托地方承担。对于跨区域且对其他地区影响较大的公共服务，中央通过转移支付承担一部分地方事权支出责任。保持现有中央和地方财力格局总体稳定，结合税制改革，考虑税种属性，进一步理顺中央和地方收入划分。拓展地方收入来源，除中央对地方的转移支付外，重点还要通过地方税制改革增强地方政府提供公共服务的能力。地方税改革应立足建立地方主体税种、完善地方税制体系为基本出发点，逐步构建以财产税、资源税等为主体的地方税制体系。

四、加强可持续发展职能

建设生态文明，实现经济社会可持续发展，是政府的重要职能。政府要加大力度，通过最严格的源头保护制度、损害赔偿制度、责任追究制度等措施，完善环境治理和生态修复制度，促进经济社会可持续发展。

首先，健全自然资源资产产权制度和用途管制制度。对水流、森林、山岭、草原、荒地、滩涂等自然生态空间进行统一确权登记，形成归属清晰、权责明确、监管有效的自然资源资产产权制度。改革规划体制，建立全国统一、定位清晰、功能互补、统一衔接的空间规划体系，增加规划的透明度。划定生产、生活、生态空间开发管制界限，落实用途管制。健全能源、水、土地节约集约使用制度。健全国家自然资源资产管理体制，按照所有者和管理者分开的思路，建立统一行使全民所有自然资源资产所有者职责的机构，授权其代表全体人民行使所有者权力，享受所有者收益，实现权利、义务、责任的统一。完善自然资源监管体制，使全民所有自然资源资产所有者和管理者相互独立、相互配合、相互监督，统一行使所有国土空间用途管制职责。

其次，划定生态保护红线。坚定不移实施主体功能区制度，建立国土空间开发保护制度，严格按照主体功能区定位推动发展。加紧编制省级主体功能区规划，建立健全相关财政、产业、投资等政策和政绩考核体系。建立国家公园体制，加强对自然价值较高的国土空间的开发保护管理。建立资源环境承载能力监测预警机制，根据各地资源禀赋和环境容量，确定一条资源环境承载能力的红线，当开发接近红线时起警告警示作用，对水土资源、环境容量和海洋资源超载区域实行限制性措施。对限制开发区域和生态脆弱的国家扶贫开发工作重点县取消地区生产总值考核。针对一些领导干部盲目决策造成生态环境的严重破坏，探索编制自然资源资产负债表，对一个地区的水资源状况、环境状况、开发强度等进行综合评估，当领导干部离任时实行自然资源资产离任审计，建立生态环境损害责任终身追究制。

第三，实行资源有偿使用制度和生态补偿制度。加快自然资源及其产品价格改革，全面反映市场供求、资源稀缺程度、生态环境损害成本和修复效益，通过市场机制促进资源节约利用和环境保护。坚持使用资源付费和谁污染环境、谁破坏生态谁付费的原则，逐步将资源税扩展到占用各种自然生态空间。稳定和扩大退耕还林、退牧还草范围，调整严重污染和地下水严重超采区耕地用途，有序实现耕地、河湖休养生息。建立有效调节工业用地和居住用地合理比价机制，提高工业用地价格。坚持谁受益、谁补偿原则，完善对重点生态功能区的生态补偿机制，推动地区间建立横向生态补偿制度。发展环保市场，推行节能量、碳排放权、排污权、水权交易制度，建立吸引社会资本投入生态环境保护的市场化机制，推行环境污染第三方治理。

第四，改革生态环境保护管理体制。建立和完善严格监管所有污染物排放的环境保护管理制度，对工业、农业、交通移动等全部污染源排放的所有污染物，以及大气、土壤、地表水、地下水、海洋等所有污染介质实行统一监管，独立进行环境监管和行政执法。建立陆海统筹的生态系统保护修复和污染防治区域联动机制，将海洋环境保护和陆源污染防治有机结合起来，控制陆源污染，提高海洋污染防治能力，加强森林、湿地、海洋等生态系统的保护修复。健全国有林区经营管理体制，完善集体林权制度改革，规范和监督林地流转。及时公布环境信息，健全举报制度，加强社会监督。完善污染物排放许可制，规范污染物排放行为，实行企事业单位污染物排放总量控制制度，严禁无证排放和超标超量排放。对造成生态环境损害的责任者严格实行赔偿制度，依法追究刑事责任。

五、加强公共管理职能

提供公共管理和服务是政府的基本职能，必须进一步加强和完善，加快推进服务型政府建设。

首先，强化市场监管和社会管理职责。加强对投资项目的土地使用、能源消耗、污染排放等的监督管理。针对频发的食品药品安全问题，不仅要加强食品药品监管，消费市场监管标准也需要与国际接轨，可以考虑整合国家质量监督检验检疫总局和国家工商总局的消费品安全监管职能，组建一个权威性、独立性、专业化的消费品安全监管机构，对消费品进行统一和全程监管。严厉打击食品药品生产、安全生产、环境等方面的违法违规行为，维护公平良好的市场秩序。创新社会管理和服务职能，建立政社分开、权责明确、依法自治的现代社会组织体制，形成源头治理、动态管理、应急处置相结合的社会管理机制，提高社会管理水平。合理界定中央和地方政府职能，加强中央政府宏观调控职责和能力，加强地方政府公共服务、市场监管、社会管理、环境保护等职责。

第二，创新政府提供公共产品的方式。政府提供公共产品的方式主要有两种，一是政府直接生产，即政府既是公共产品的提供者，也是直接的生产者。二是政府间接生产，政府通过预算安排和政策安排形成经济刺激，引导私人企业参与公共产品的生产，如政府与企业签订生产合同、授予经营权、政府参股、政府经济资助等。世界各国的实践表明，私人部门的生产效率一般高于政府直接经营的效率。只要有可能，最好不要由政府直接生产公共产品，而应采取政府间接生产公共产品，这样更有利于提高公共产品供给效率，同时还能减轻政府财政负担。要推广政府购买服务，凡属事务性管理服务，原则上都要引入竞争机制，通过合同、委托等方式向社会购买。

第四，优化政府组织结构。要转变政府职能必须深化机构改革。优化政府机构设置、职能配置、工作流程，完善决策权、执行权、监督权既相互制约又相互协调的行政运行机制。严格绩效管理，突出责任落实，确保权责一致。统筹党政群机构改革，理顺部门职责关系。积极稳妥实施大部门制。优化行政区划设置，有条件的地方探索推进省直接管理县（市）体制改革。严格控制机构编制，严格按规定职数配备领导干部，减少机构数量和领导职数，严格控制财政供养人员总量。推进机构编制管理科学化、规范化、法制化。加快事业单位分类改革，推动公办事业单位与主管部门理顺关系和去行政化，创造条件，逐步取消学校、科研院所、医院等单位的行政级别。建立事业单位法人治理结构，推进有条件的事业单位转为企业或社会组织。建立各类事业单位统一登记管理制度。

第六节　强化政府促进公平职责

实现公平是资源配置的目标和原则，市场对此失灵。因此促进社会公平是政府义不容辞的责任。政府必须加大社会事业的发展力度，大力发展教育医疗卫生事业，推动就业创业，完善社会保障制度，促进共同富裕，实现发展成果更多更公平惠及全体人民，促进社会公平正义。

一、大力发展教育事业

教育属于准公共产品，发展教育事业是促进社会公平的重要手段。全面推动教育事业发展，不仅是为满足经济社会发展对人才的需要，也是为满足广大人民群众对更好教育的期盼。政府必须加大对教育事业的改革和发展力度。

首先，全面贯彻党的教育方针，坚持立德树人基本导向。加强社会主义核心价值体系教育，完善中华优秀传统文化教育，帮助学生树立正确的世界观、人生观和价值观，形成爱学习、爱劳动、爱祖国活动的有效形式和长效机制，增强学生社会责任感、创新精神、实践能力。青少年时期是身心健康和身体素质发展的关键时期，要树立健康第一的思想，强化体育课和课外锻炼，完善学校、社区和家庭相结合的青少年体育锻炼网络，促进青少年身心健康、体魄强健。

其次，大力促进教育公平，提高教育质量。健全教育投入体制，义务教育的办学经费必须全面纳入财政保障范围，由中央和各级政府根据职责共同分担，不断提高保障水平。统筹城乡义务教育资源均衡配置，构建利用信息化手段扩大优质教育资源覆盖面的有效机制，重点向农村、边远、贫困、民族地区倾斜，逐步缩小区域、城乡、校际差距。推进公办学校标准化建设，巩固全国中小学校舍安全达标成果，加快改造薄弱学校，尽快使师资、教学仪器、图书设备、体育场地基本达标。破解义务教育择校难题，实行校长教师交流轮岗，加大城镇学校教师对口支援农村学校、优质学校教师对口支援薄弱学校的力度，取消重点学校和重点班设置，严查选拔生源的“占坑班”，严禁跨地区招生，严格限制以特长生名义招生。加大基础教育课程改革力度，科学设计课程难度，改革升学考试和学业水平考试制度，标本兼治减轻学生课业负担。加大对中西部地区的教育扶持力度，新增高校招生计划向中西部倾斜，扩大东部高校在中西部地区招生规模，创新东西部高校校际合作机制。改善特殊教育学校办学条件，逐步实行残疾学生高中阶段免费教育。健全家庭经济困难学生资助体系。

第三，统筹发展各级各类教育。加快现代职业教育体系建设，把职业教育纳入经济社会发展和产业发展规划，促使职业教育规模、专业设置与经济社会发展需求相适应。统筹中等职业教育与高等职业教育发展，深化产教融合、校企合作，建立健全政府主导、行业指导、企业参与的办学机制，制定促进校企合作办学法规，推进校企合作制度化，培养高素质劳动者和技能型人才。巩固九年义务教育普及成果，全面提高质量和水平。基本普及高中阶段教育，推动普通高中多样化发展，促进办学体制多样化，扩大优质资源，推进培养模式多样化，满足不同潜质学生的发展需要。鼓励普通高中办出特色，鼓励有条件的普通高中根据需要适当增加职业教育的教学内容。提高高等教育质量，推进和完善学分制，实行弹性学制，促进文理交融。创立高校与科研院所、行业、企业联合培养人才的新机制。优化学科的专业、类型、层次结构，促进多学科交叉和融合，重点扩大应用型、复合型、技能型人才培养规模。改进管理模式，创新高校人才培养机制，引入竞争机制。加快高水平大学和重点学科建设，鼓励学校优势学科面向世界，加快建设一流大学和一流学科。

第四，推进考试招生制度改革和学校办学体制改革。探索招生和考试相对分离、学生考试多次选择、学校依法自主招生、专业机构组织实施、政府宏观管理、社会参与监督的运行机制，从根本上解决一考定终身的弊端。义务教育免试就近入学，试行学区制和九年一贯对口招生。推行初高中学业水平考试和综合素质评价。加快推进职业院校分类招考或注册入学。逐步推行普通高校基于统一高考和高中学业水平考试成绩的综合评价多元录取机制。探索全国统考减少科目、不分文理科、外语等科目社会化考试一年多考。试行普通高校、高职院校、成人高校之间学分转换，拓宽终身学习通道。深入推进管办评分离，扩大省级政府教育统筹权和学校办学自主权，完善学校内部治理结构。强化国家教育督导，委托社会组织开展教育评估监测。健全政府补贴、政府购买服务、助学贷款、基金奖励、捐资激励等制度，鼓励社会力量兴办教育。

二、实行积极的就业政策

就业是民生之本。政府要把促进就业作为保障和改善民生的头等大事，实行积极的就业政策。

首先，建立经济发展和扩大就业的联动机制，着力解决结构性就业矛盾。经济发展是扩大就业的基础，加快转变经济发展方式，大力推进经济结构调整和产业升级，是解决结构性就业矛盾的关键。政府必须采取切实措施，打破传统的依靠低廉成本，拼资源、拼消耗、拼人力的发展模式，大力发展现代服务业、新兴产业、先进制造业等高端产业，把经济发展转移到依靠科技进步、自主创新上来，促进结构调整和产业升级。

其次，强化政府促进就业责任制度，实施就业优先战略。坚持把促进就业放在经济社会发展的优先位置，更加注重选择有利于扩大就业的经济社会发展战略，把扩大就业规模、优化就业结构、提升就业质量作为经济社会发展和经济结构调整的优先目标。加强就业政策与产业、贸易、财政、税收、金融等政策措施的协调，建立健全政府投资和重大项目建设带动就业机制。完善就业援助政策，多渠道开发公益性岗位。规范招人用人制度，消除城乡、行业、身份、性别等一切影响平等就业的制度障碍和就业歧视。积极推进户籍制度改革。

第三，完善扶持创业的优惠政策。形成政府激励创业、社会支持创业、劳动者勇于创业新机制。加大公共财政对促进就业的资金投入，完善财税金融扶持政策，完善税费减免、岗位补贴、培训补贴、社会保险补贴、技能鉴定补贴等促进就业的政策，完善和落实小额担保贷款、财政贴息、场地安排等鼓励自主创业政策。

第四，完善就业服务体系，构建劳动者终身职业培训体系。健全公共就业服务体系，培育和完善统一开放、城乡平等的人力资源市场。增强失业保险制度预防失业、促进就业功能，完善就业失业监测统计制度。完善教育培训体系，强化失业人员再就业培训，提升其再就业能力。加强农村职业教育和农村劳动力就业能力培训。落实职业培训补贴政策，强化政府购买培训成果的机制，广泛发动各级各类职业培训机构和职业院校开展多层次、多形式的职业技能培训。

第五，创新劳动关系协调机制，畅通职工表达合理诉求渠道。健全协调劳动关系三方机制，发挥政府、工会和企业作用，努力形成企业和职工利益共享机制，建立规范有序、公正合理、互利共赢、和谐稳定的劳动关系。全面推行劳动合同制度，不断扩大集体合同覆盖面。全面推进劳动用工备案制度。规范劳务派遣用工。改善劳动条件，加快劳动标准体系建设，加强劳动定额标准管理。完善劳动争议处理机制，加强劳动争议调解仲裁，加大劳动保障监察执法力度，切实维护劳动者权益。

第六，促进以高校毕业生为重点的青年就业和农村转移劳动力、城镇困难人员、退役军人就业。结合转方式、调结构和产业升级，着力开发更多适合高校毕业生的就业岗位。在转变政府职能、创新社会管理的过程中，需要一大批高素质的专业技术人才，政府可以购买基层公共管理和社会服务岗位用于吸纳高校毕业生就业。健全促进高校毕业生到基层工作的政策扶持体系，提高公务员定向招录和事业单位优先招聘比例，鼓励引导高校毕业生到基层、中西部地区、艰苦边远地区和中小企业就业。实行激励高校毕业生自主创业政策，整合发展国家和省级高校毕业生就业创业基金，进一步完善税费减免、小额担保贷款、一站式创业服务等政策，加大高校毕业生创业扶持力度。实施离校未就业高校毕业生就业促进计划，把未就业的高校毕业生纳入就业见习、技能培训等就业准备活动之中，对有特殊困难的毕业生实行全程就业服务。

三、形成合理有序的收入分配格局

解决收入差距问题，促进共同富裕，是促进社会公平正义的重要内容。政府必须加快推进收入分配制度改革，形成合理有序的收入分配格局。

首先，着重保护劳动所得，努力实现劳动报酬增长和劳动生产率提高同步。坚持和完善按劳分配为主体、多种分配方式并存的分配制度。初次分配和再分配都要处理好效率和公平的关系，再分配更加注重公平，努力提高居民收入在国民收入分配中的比重，提高劳动报酬在初次分配中的比重，尽快扭转收入差距扩大趋势。

其次，深化工资制度改革。按照市场机制调节、企业自主分配、平等协商确定、政府监督指导的原则，形成反映劳动力市场供求关系和企业经济效益的工资决定机制和增长机制。健全工资支付保障机制。完善最低工资和工资指导线制度，逐步提高最低工资标准，建立企业薪酬调查和信息发布制度，积极稳妥扩大工资集体协商覆盖范围。改革国有企业工资总额管理办法，加强对部分行业工资总额和工资水平的双重调控，缩小行业间工资水平差距。改革机关事业单位工资和津贴补贴制度，完善艰苦边远地区津贴增长机制。

第三，健全资本、知识、技术、管理等由要素市场决定的报酬机制。扩大国有资本收益上交范围，提高上交比例，统一纳入公共财政。扩展投资和租赁服务等途径，优化上市公司投资者回报机制，保护投资者尤其是中小投资者合法权益，多渠道增加居民财产性收入。保障技术成果在收入分配中的应得份额。建立健全根据经营管理绩效、风险和责任确定薪酬的制度，严格规范国有企业、国有控股金融机构经营管理人员特别是高层管理人员的收入，严格控制职务消费。

第四，完善以税收、社会保障、转移支付为主要手段的再分配调节机制，加大税收调节力度。加大对城乡贫困人口的转移支付力度。调整财政支出结构，集中更多财力用于保障和改善城乡贫困群众的基本生活。大力促进城乡基本公共服务均等化。大幅增加对“三农”的转移性支出，提高农村居民收入。大幅度增加扶贫开发投入，对不具备生存和致富条件的地区，加大移民扶贫力度。合理调整个人所得税税基和税率结构，提高工资薪金所得费用扣除标准，减轻中低收入者税收负担，加大对高收入者的税收调节力度。逐步建立健全财产税制度。调整财政支出结构，提高公共服务支出比重，加大社会保障投入，较大幅度提高居民转移性收入。建立国有土地、海域、森林、矿产等公共资源出让收益合理共享机制，出让收益主要用于公共服务支出。完善慈善捐助减免税制度，支持慈善事业发挥扶贫济困积极作用。

第五，规范收入分配秩序。完善收入分配调控体制机制和政策体系，建立个人收入和财产信息系统，保护合法收入，调节过高收入，清理规范隐性收入，取缔非法收入，增加低收入者收入，扩大中等收入者比重，努力缩小城乡、区域、行业收入分配差距，逐步形成橄榄型分配格局。健全工资保障机制。针对容易发生拖欠的行业企业，完善工资保证金制度，建立健全打击恶意欠薪制度。清理规范国有企业和机关事业单位工资外收入、非货币性福利等。加强国企改制、矿产资源开发、土地出让、工程建设、资本市场等重点领域的监督管理，深入治理商业贿赂；依法严肃查处以权谋私、权钱交易、行贿受贿、偷税漏税、走私贩私等违纪违法行为。

四、建立更公平的社会保障制度

建立社会保障制度是政府实现社会公平目标的重要手段。要以增强公平性、适应流动性和保证可持续性为重点，建立全覆盖、保基本、多层次、可持续的社会保障体系。

首先，积极推进城镇职工基本养老保险和机关事业单位养老保险制度改革。坚持社会统筹和个人账户相结合的城镇职工基本养老保险制度，完善个人账户制度，健全多缴多得的激励机制，确保参保人权益。实现基础养老金全国统筹，明确中央和地方事权财权，增强养老保险的统筹调剂能力。养老保险基金收支坚持精算平衡原则。推进机关事业单位养老保险制度改革。机关事业单位基本养老保险制度也要实行社会统筹与个人账户相结合，以破除养老保险“双轨制”，在更大范围体现制度的公平性。还可根据机关事业单位的职业特点，建立职业年金制度。机关事业单位养老保险制度改革必须与机关事业单位人事制度、工资制度、财政体制改革相互配合，明确参保人员范围、缴费工资基数和财政补助机制。

其次，整合城乡居民基本养老保险和基本医疗保险制度。把现行的新型农村社会养老保险制度和城镇居民基本养老保险制度整合为统一的城乡居民基本养老保险制度，把现行的新型农村合作医疗制度和城镇居民基本医疗保险制度整合为统一的城乡居民基本医疗保险制度，实现城乡居民在制度上的平等。理顺管理体制，实现城乡统一经办管理。随着城乡居民收入的稳步提高，逐步提高城乡居民保障标准。以统筹城乡和异地就医结算为重点，完善社会保险关系转移接续政策，扩大参保缴费覆盖面，适时适当降低社会保险费率。

第三，建立社会保障制度可持续机制。健全社会保障财政投入制度，完善社会保障预算制度。加强社会保险基金投资管理和监督，扩大社会保障基金筹资渠道，建立社会保障战略储备基金，进一步充实已经建立的全国社会保障基金，以有效应对我国人口老龄化问题，实现社会保障基金的长期平衡。切实加强基金监督，加快建立社会保险基金投资运营制度，拓宽基本养老保险基金投资渠道，推进基金市场化、多元化投资运营，确保基金安全和保值增值。研究制定渐进式延迟退休年龄政策。加快健全社会保障管理体制和经办服务体系。

第四，构建多层次社会保障体系。实施免税、延期征税等优惠政策，加快发展企业年金、职业年金、商业保险。加强社会救助体系建设。完善城乡最低生活保障制度，规范管理，分类施保，实现应保尽保。健全低保标准动态调整机制，合理提高低保标准和补助水平。加强城乡低保与最低工资、失业保险和扶贫开发等政策的衔接。提高农村五保供养水平。做好自然灾害救助工作。完善临时救助制度，保障低保边缘群体的基本生活。发展社会福利和慈善事业。健全农村留守儿童、妇女、老年人关爱服务体系，健全残疾人权益保障、困境儿童分类保障制度。

五、发展医药卫生事业

医疗卫生也具有准公共产品和服务的性质。发展医疗卫生事业，使人们病有所医，是促进社会公平的重要途径。政府必须加大对医疗卫生事业发展的支持力度。

首先，加强公共卫生服务体系建设。完善重大疾病防控等专业公共卫生服务网络，加快健全重特大疾病医疗保险和救助制度。逐步提高人均基本公共卫生服务经费标准，扩大国家基本公共卫生服务项目，实施重大公共卫生服务专项，积极预防重大传染病、慢性病、职业病、地方病和精神疾病，提高重大突发公共卫生事件处置能力。逐步建立农村医疗急救网络。全民医保是我国基本医疗卫生制度的基础，要健全全民医保体系，逐步提高居民医保和新农合政府补助标准，推进建立城乡居民大病保险制度，提升基本医保支付能力和重特大疾病保障水平。改革医保支付方式，积极推行按病种付费、按人头付费、总额预付等综合方式，实现提高医疗服务质量与控制医药费用过快增长的双优结果。提高基本医保管理和服务水平，推进基本医保和医疗救助即时结算，建立异地就医结算机制。积极发展商业健康保险，满足多层次的健康保障需求。

其次，健全网络化城乡基层医疗卫生服务运行机制。加强以县医院为龙头、乡镇卫生院和村卫生室为基础的农村三级医疗卫生服务网络建设，完善以社区卫生服务为基础的新型城市医疗卫生服务体系，新增医疗卫生资源重点向农村和城市社区倾斜。大力推进基层医疗卫生机构综合改革，建立多渠道补偿机制，加强以全科医生为重点的基层医疗卫生队伍建设，完善鼓励全科医生长期在基层服务政策。充分利用信息化手段，促进优质医疗资源纵向流动。完善合理分级诊疗模式，建立社区医生和居民契约服务关系。

第三，完善药品供应保障体系。建立和完善以国家基本药物制度为基础的药品供应保障体系。基层医疗卫生机构全面实施国家基本药物制度，其他医疗卫生机构逐步实现全面配备、优先使用基本药物。建立基本药物目录动态调整机制，完善价格形成机制和动态调整机制。提高基本药物实际报销水平。加强药品生产管理，整顿药品流通秩序，规范药品集中采购和医疗机构合理用药。取消以药补医，理顺医药价格，建立科学补偿机制。

第四，加快公立医院改革。坚持公立医院的公益性质，落实政府办医责任，合理确定公立医院数量、规模和布局，坚持公立医院面向城乡居民提供基本医疗服务的主导地位。积极探索政事分开、管办分开、医药分开、营利性和非营利性分开的有效形式。推进现代医院管理制度，落实公立医院独立法人地位，建立医院理事会等多种形式法人治理结构。建立科学的医疗绩效评价机制，建立科学合理的用人机制和分配制度。完善合理分级诊疗模式，建立公立医院与基层社区医疗卫生机构的分工协作机制，积极构建基层首诊、分级诊疗、双向转诊的就医秩序，充分利用信息化手段，促进优质医疗资源纵向流动。重点推进县级公立医院改革，努力实现大病不出县，切实发挥县域内龙头医院的作用。以病人为中心大力改进公立医院内部管理，优化服务流程，规范诊疗行为，改善医患关系，方便群众就医。

第五，鼓励和引导社会资本举办医疗机构。放宽社会资本和外资举办医疗机构的准入范围，优先支持举办非营利性医疗机构。完善公平公正的行业管理政策，改善执业环境，落实价格、税收、医保定点等政策，对社会资本举办营利医疗机构给予倾斜支持。允许社会资金直接投向资源稀缺及满足多元需求服务领域，鼓励非公立医疗机构向高水平、规模化的大型医疗集团发展。在确保国有资产不流失的前提下，支持社会资本采取合作、兼并、收购等多种形式参与公立医院改制重组。允许医师多点执业，允许民办医疗机构纳入医保定点范围，促进基本医疗服务的多元参与和有序竞争，提高医疗服务质量和效益。

第六，积极发展中医药事业。坚持中西医并重，发展中医医疗和预防保健服务，推进中医药继承与创新，重视民族医药发展。发展中医药教育，加强中医医疗机构和中医药人才队伍建设。加强中药资源保护、研究开发和合理利用，推进质量认证和标准建设。医疗保障政策和基本药物政策要鼓励中医药服务的提供和使用。

结束语

当前，我国经济社会发展面临诸多新情况和新挑战，如经济增长率持续下行、资源环境制约强化，人口红利消失，自主创新能力不强，国际贸易格局生变，就业、收入差距、食品药品安全等问题突出。然而，我国的发展同时也存在许多有利条件，具有很大的发展潜力。其中，最大的红利就是改革。过去三十多年，我国经济社会发展能够取得巨大成就，社会主义中国的面貌能够发生深刻变化，靠的就是坚持不懈地推进改革。当前和未来一个时期，我国要克服前进中的困难和问题，仍然必须依靠全面深化改革。全面深化改革的重点是经济体制改革，核心问题是处理好政府与市场的关系。必须围绕如何使市场在资源配置中起决定性作用和更好发挥政府作用，进一步调整政府与市场的关系。具体政策是：加快完善现代市场体系，建立公平开放透明的市场规则，完善主要由市场决定价格的机制，健全土地、金融和技术市场；积极构建开放型经济新体制，放宽投资准入，加快自由贸易区建设，扩大内陆沿边开放，促进国内国际市场深度融合；进一步培育市场主体，为市场机制有效发挥作用奠定基础。同时，加快转变政府职能，大幅度减少政府对资源的直接配置，强化政府在保持宏观经济稳定、推动可持续发展、提供公共服务、保障公平竞争、维护市场秩序、促进共同富裕、弥补市场失灵等方面的职责。只要坚定不移的继续深化改革，让政府和市场在资源配置中各司其职、各就各位，发挥市场配置资源的决定性作用，让改革的红利充分释放出来，我国经济就能够继续保持持续稳定发展，“两个一百年”的奋斗目标就一定能实现。

参考文献

1.《列宁全集》，人民出版社。

2.《马克思恩格斯全集》，人民出版社。

3.［英］亚当·斯密：《国民财富的性质和原因的研究》，商务印书馆1974年版。

4.《马克思恩格斯选集》第3卷，人民出版社1975年版。

5.《陈云文选》第2卷，人民出版社1995年版。

6. 董志凯：《1949—1952年中国经济分析》，中国社会科学出版社1996年版。

7. 国家统计局：《中国统计年鉴》，中国统计出版社1983—2011年各年版。

8. 房维中：《中华人民共和国经济大事记（1949—1980）》，河南人民出版社1984年版。

9. 柳随年、吴敢群：《中国社会主义经济简史》，黑龙江人民出版社1985年版。

10.［美］肯尼思·阿罗：《社会选择与个人价值》，四川人民出版社1987年版。

11. 李德彬：《中华人民共和国经济史简编》，湖南人民出版社1987年版。

12. 国际货币基金组织：《政府财政统计手册》，中国金融出版社1988年版。

13. 赵德馨：《中华人民共和国经济史（1949—1966）》，河南人民出版社1988年版。

14. 马泉山：《新中国工业经济史（1966—1978）》，经济管理出版社1998年版。

15. 汪海波：《中华人民共和国工业经济史》，山西经济出版社1998年版。

16. ［美］詹姆斯·布坎南：《自由、市场和国家》，北京经济学院出版社1988年版。

17. 曾璧钧、林木西：《新中国经济史（1949—1989）》，经济日报出版社1990年版。

18.《毛泽东选集》第4卷，人民出版社1991年版。

19.《中国大百科全书·政治学卷》，中国大百科全书出版社1992年版。

20. 薄一波：《若干重大决策与事件的回顾》，中共中央党校出版社1993年版。

21.《邓小平文选》第2、3卷，人民出版社1994、1993年版。

22. 胡静林等：《国有企业改革理论与途径》，经济科学出版社1995年版。

23. 黄少军、何华权：《政府经济学》，中国经济出版社1998年版。

24. 胡代光：《西方经济学说的演变及其影响》，北京大学出版社1998年版。

25. 董辅礽：《中华人民共和国经济史》（上、下卷），经济科学出版社1999年版。

26. [英] J.M.凯恩斯：《就业、利息和货币通论》，商务印书馆1999年版。

27. 刘仲藜：《奠基——新中国经济五十年》，中国财经出版社1999年版。

28. 苏星：《新中国经济史》，中共中央党校出版社1999年版。

29. 武力：《中华人民共和国经济史》，中国经济出版社1999年版。

30. 曾培炎：《中国经济五十年》，中国计划出版社1999年版。

31. 毛寿龙、李梅：《有限政府的经济分析》，上海三联书店2000年版。

32. 孙健：《中国经济通史》（下卷），中国人民大学出版社2000年版。

33. 方福前：《公共选择理论——政治的经济学》，中国人民大学出版社2000年版。

34. 吴俊培：《公共部门经济学》，中国统计出版社2000年版。

35. 高培勇、崔军：《公共部门经济学》，中国人民大学出版社2001年版。

36. 樊勇明、杜莉：《公共经济学》，复旦大学出版社2001年版。

37. 吴承明、董志凯：《中华人民共和国经济史》第1卷，中国财政经济出版社2002年版。

38. 曾国安：《政府经济学》，湖北人民出版社2002年版。

39. 耿明斋、李燕燕：《国有资本生存边界与管理模式》，中国经济出版社2003年版。

40. 韩丽华、潘明星：《政府经济学》，中国人民大学出版社2003年版。

41. 郭小聪：《政府经济学》，中国人民大学出版社2003年版。

42. 常修泽：《用新改革观完善社会主义市场经济体制》，河南人民出版社2003年版。

43. 王红玲：《当代西方政府经济理论的演变与借鉴》，中央编译出版社2003年版。

44. 王俊豪：《政府管制经济学导论》，商务印书馆2003年版。

45. 戚幸东：《中国经济运行中的垄断与竞争》，人民出版社2004年版。

46. 谢庆奎：《政府学概论》，中国社会科学出版社2004年版。

47. 谢自强：《政府干预理论与政府经济职能》，湖南大学出版社2004年版。

48. 毛程连：《国有资产管理学》，复旦大学出版社2005年版。

49. 孙荣、许洁：《政府经济学》，复旦大学出版社2005年版。

50. 许云霄：《公共选择理论》，北京大学出版社2005年版。

51.［美］约瑟夫·E. 斯蒂格利茨：《公共部门经济学》，中国人民大学出版社2005年版。

52. 黄新华：《公共部门经济学》，上海人民出版社2006年版。

53. 卫志民：《政府干预的理论与政策选择》，北京大学出版社2006年版。

54. 郭济：《行政管理体制改革思路和重点》，国家行政学院出版社2007年版。

55. 黄海嵩：《中国国有企业改革问题研究》，中国经济出版社2007年版。

56. 国家发展改革委经济体制与管理研究所、国家发展改革委经济体制综合改革司：《改革开放三十年：从历史走向未来》，人民出版社2008年版。

57. 李军鹏：《建立与完善社会主义公共行政体制》，国家行政学院出版社2008年版。

58. 刘树成、吴太昌：《中国经济体制改革30年研究》，经济管理出版社2008年版。

59. 魏礼群：《中国经济体制改革30年回顾与展望》，人民日报出版社2008年版。

60. 新华月报社：《中国改革开放30年大事记》，人民出版社2008年版。

61. 赵智奎：《改革开放30年思想史》，人民出版社2008年版。

62. 中共中央文献研究室：《改革开放三十年主要文献选编》，中央文献出版社2008年版。

63. 国家统计局：《新中国60年》，中国统计出版社2009年版。

64. 张平、彭森、杜鹰：《中国改革开放1978—2008》，人民出版社2009年版。

65. 胡俞越：《调结构要着重支持民营经济的发展》，《投资北京》2010年第1期。

66. 厉以宁：《认识民营经济在国民经济中的作用》，《中国物流与采购》2010年第4期。

67. 李如鹏、高汝伟等：《关于非公经济理念需要进一步更新》，《学术论坛》2010年第10期。

68. 王一鸣等：《走向2020：中国中长期发展的挑战和对策》，中国计划出版社2011年版。

69. 中国企业联合会、中国企业家协会：《2011中国500强企业发展报告》，企业管理出版社2011年版。

70. 林祖华：《造福民生：中国共产党的追求与经验》，社会科学文献出版社2012年版。

71. 林毅夫：《繁荣的求索：发展中经济如何崛起》，北京大学出版社2012年版。

72. 万广华、蔡昉等：《中国的城市化道路与发展战略：理论探讨和实证分析》，经济科学出版社2012年版。

73. 宋晓梧：《社会发展转型战略》，海南出版社2012年版。

74. 欧阳日晖：《大开局：十八大后中国改革发展趋势》，人民日报出版社2012年版。

75. 韦森：《大转型》，中信出版社2012年版。

76. 张神根：《十六大到十八大的中国》，人民出版社2012年版。

77. 何毅亭：《学习习近平总书记重要讲话》，人民出版社2013年版。

78. 高尚全：《改革是中国最大的红利》，人民出版社2013年版。

79. 李培林：《社会转型与中国经验》，中国社会科学出版社2013年版。

80. ［美］罗纳德·哈里·科斯：《变革中国：市场经济的中国之路》，中信出版社2013年版。

81. 吴敬琏、俞可平、［美］芮效俭等：《改革共识与中国未来》，中央编译出版社2013年版。

82. 张维迎：《改革》，上海人民出版社2013年版。

83.《〈中共中央关于全面深化改革若干重大问题的决定〉辅导读本》，人民出版社2013年版。

84. 邹东涛：《中国改革开放30年（1978—2008）》，社会科学文献出版社2013年版。

85. 迟福林：《市场决定：十八届三中全会后的改革大考》，中国经济出版社2014年版。

86. 国务院研究室：《十二届全国人大二次会议〈政府工作报告〉辅导读本（2014）》，人民出版社、中国言实出版社2014年版。

87. 刘世锦：《在改革中形成增长新常态：中国经济增长十年展望（2014—2023）》，中信出版社2014年版。

88. 刘汉元：《非公经济三十年：昨天、今天与明天》，《经济界》2010年第6期。

89. 张车伟、张士斌：《中国初次收入分配格局的变动与问题》，《中国人口科学》2010年第5期。

90. 汪玉凯：《深化行政体制改革，为转变发展方式提供体制保障》，《北京观察》2011年第1期。

91. 张璐琴：《合理定位政府职责提高劳动报酬比重》，《宏观经济研究》2011年第5期。

92. 谈松华：《深化教育体制改革的整体框架和推进策略》，《国家行政学院学报》2012年第5期。